AF258631

# CAMPAGNE

DE

# LA CORVETTE L'ALCMÈNE

# EN OCÉANIE,

## PENDANT LES ANNÉES 1850 ET 1851.

---

## JOURNAL

DE M. BÉRARD, OFFICIER D'ADMINISTRATION DU BATIMENT.

Extrait des Nouvelles Annales de la Marine et des Colonies,

Numéros de Juillet, Août et Septembre 1854.


# PARIS,

## IMPRIMERIE ET LIBRAIRIE ADMINISTRATIVES

### DE PAUL DUPONT,

Rue de Grenelle Saint-Honoré, n° 45 (nouveau).

1854

Imprimerie de Paul Dupont,
rue de Grenelle-St-Honoré, 45, à Paris.

# TABLE DES MATIÈRES.

# CAMPAGNE

DE

# LA CORVETTE L'ALCMÈNE

## EN OCÉANIE,

### PENDANT LES ANNÉES 1850 ET 1851.

———◦———

Le gouverneur de Tahiti venait d'être changé, et l'*Alcmène* aussi avait un nouveau chef.

M. d'Harcourt, second de la *Thisbé*, nous commandait. Nous devions, disait-on, rentrer en France très-prochainement; cependant on nous annonçait un voyage dans les missions pour couronner nos travaux; mais l'ordre de rappel était certain, et chacun voyait avec plaisir cette campagne qui allait rompre la monotonie de notre séjour à Nou-Hiva et à Tahiti.

Enfin, après avoir vu partir la *Sirène* qui ne devait, d'après nos prévisions, nous précéder en France que de quelques mois, nous quittâmes à notre tour la riante Papeete.

La veille de notre départ, un de nos amis, M. Delhaye, ayant reçu le commandement d'une goëlette locale, M. d'Ehrensvard, officier suédois, embarqua à sa place, et nous prîmes quatre passagers, les pères Desest, Fonbonne, Michel et Sage, se rendant à la mission des Wallis.

Le 20 avril 1850, à cinq heures du matin, le pilote était à bord; une faible brise ridait par moment la surface unie de la baie, et, quoique l'ancre fût à pic et les voiles larguées, nous désespérions de pouvoir partir. Avec le jour, la brise se fit, et nous levâmes l'ancre.

L'*Alcmène* se traîna péniblement jusqu'à la passe, et un peu plus tard nous serrions la main de nos amis de la colonie et du *Cocyte*, qui étaient venus nous accompagner en dehors. Nous nous élevâmes au large ; mais bientôt le calme nous surprit. Nous courions risque d'être jetés sur les récifs extérieurs de l'île. La *Kaméaméa*, sortie peu de temps après nous, guettait aussi un vent favorable qui vînt la tirer de cette position critique.

On fit charger les pièces du pont afin d'être prêts à tous événements ; les armements des embarcations furent disposés, et nous attendîmes.

Nous perdions insensiblement, quand une fraîche brise d'E. vint mettre un terme à nos inquiétudes.

A la nuit, une haute ligne sombre se découpait sur l'horizon : c'était Tahiti. Bientôt nous ne vîmes plus rien. Encore une fois nous étions en pleine mer.

### GROUPE DES POMOTOU.

*Ile Anaa.*—(Lat. 17° 26′ S.; long. 147° 42′ O. de P.)—Le 23, nous arrivions en vue d'Anaa, une des Pomotou, avec laquelle nous devions communiquer. Basse comme toutes les îles de cet archipel, Anaa n'offre, au premier aspect, qu'une ligne monotone de verdure produite par les cocotiers qui couvrent tout le sol qui l'entoure.

En approchant, on distingue, à de petites distances l'une de l'autre, des coupures formées par des langues de corail, qui joignent entre eux de petits îlots, échelonnés en couronne autour d'un lac intérieur, et qui constituent l'île.

Cette singulière disposition a fait donner à Anaa, par les Français, le nom d'*île de la Chaîne.*

Le temps était clair, et chacun de nous put apercevoir dans le ciel, au-dessus du lac, une teinte verte tranchant sur l'azur de l'horizon. Ce phénomène sert aux naturels à se guider dans leur navigation d'une île à l'autre.

Quand de hardis pirates partaient des Pomotou pour aller rançonner quelques-unes des îles de la Société, Anaa, à cause de sa proximité de ces dernières, pouvait avoir quelque importance ; mais aujourd'hui, soumise à la puissance souveraine de Pomaré, ce n'est plus qu'un point insignifiant. Son sol, dont le corail forme la base, n'est susceptible d'aucune culture et, sans ses cocotiers, Anaa serait inhabitable. Le fruit de cet ar-

bre bienfaisant, le poisson et les cochons sont les seules ressources alimentaires qu'elle possède.

Autrefois le commerce de ces îles consistait en coquilles de
nacre et en perles. Aujourd'hui la principale industrie des
insulaires est l'huile de coco, qu'ils échangent contre des
étoffes.

Quelques Européens ont créé des établissements à Anaa
pour cette exploitation, et ils y entreposent l'huile qu'ils achè-
tent dans tout l'archipel.

L'insouciance des indigènes entrave malheureusement les
efforts des blancs. Munis de moyens imparfaits de production,
ils perdent une grande partie des rendements, et ce n'est qu'à
la dernière extrémité qu'ils se décident à travailler.

En général, les traitants sont obligés de faire aux propriétaires de fortes avances d'étoffes, afin de les contraindre à leur
fournir de l'huile pour s'acquitter.

Quoique les prix soient débattus en assemblée publique, ils
sont peu élevés, et permettent de réaliser de très-grands bé-
néfices ; aussi n'est-il pas douteux que, lorsque les habitants
voudront se mettre sérieusement au travail, l'exploitation des
cocotiers ne devienne une branche de commerce suivie entre
Tahiti et les Pomotou.

Dans leurs fréquentes visites à Papeete, les habitants d'Anaa
y contractent des habitudes qui, peu à peu, deviendront des
besoins, et l'époque n'est peut-être pas éloignée où ils iront
au-devant des demandes du commerce.

Déjà un négociant français, M. Lemaire, a eu l'idée d'établir
une boulangerie, qui écoule facilement ses produits.

Le 24, nous aperçûmes, par une ouverture, un rocher isolé
au milieu du lac, et ayant tout à fait l'apparence d'une goélette
à la voile. A cette indication, on mit en panne, et, après avoir
donné ses instructions à l'officier en second, le commandant
embarqua dans son canot, où je le suivis, et nous fîmes route
sur terre.

Une ligne de récifs, qui paraît continue, entoure l'île d'une
bordure d'écume blanchissante qui semble en interdire l'accès;
ce n'est qu'en accostant qu'on aperçoit un creux où la mer
s'engouffre violemment : c'est la passe, large de 10 pieds environ, et longue de 25 tout au plus. Cette entrée est loin d'être
facile : un faux coup de barre, et le canot serait brisé ! Emporté
sur le dos d'une lame du large, il est lancé dans le fond de
cette crique et, sous peine d'être entraîné par la même lame

qui se retire, il faut qu'il puisse atteindre la partie des récifs où la mer est impuissante. Grâce au sang-froid de notre patron, nous franchîmes comme un trait ce passage dangereux et, à notre arrivée sur les récifs, qui découvrent, une vingtaine de Canaks s'échelonnèrent de chaque côté, et firent glisser notre embarcation à une centaine de mètres de l'entrée.

Notre canot ainsi échoué, des indigènes nous amenèrent des pirogues et nous pûmes gagner la terre.

Le premier objet qui frappa nos regards fut une pirogue double, plutôt remarquable par sa grande dimension que par le fini de son travail. Ce bâtiment indigène, dont deux arbres à pain avaient fourni les deux principales pièces, pouvait contenir une soixantaine de naturels. Un abri élevé au milieu nous parut être destiné au chef, et nous remarquâmes avec curiosité l'originalité de son gouvernail, consistant en un seul aviron porté alternativement de l'arrière à l'avant de la pirogue, où il s'appuie sur une espèce d'arc-boutant en bois.

Nous nous dirigeâmes ensuite vers la demeure du chef, Tamaïti, qui nous offrit l'hospitalité.

Dans ces îles, où le christianisme a terrassé l'idolâtrie, le pouvoir des chefs ne consiste plus, comme autrefois, en une volonté féroce disposant à son gré de la vie du peuple. Elevés dans des principes d'égalité raisonnable en politique comme en religion, peuple et chefs sont soumis aux lois de la nation, et ces derniers ne sont en quelque sorte que les magistrats nés de leurs districts, car il y a au-dessus d'eux l'assemblée législative et la reine, et on peut en appeler de leurs jugements à ces deux autorités. Cette sage disposition, en délivrant le peuple de la tyrannie des grands, assure à ceux-ci l'obéissance légale de leurs inférieurs et les garantit contre toute usurpation.

Le but de notre voyage était de trouver quelques hommes de bonne volonté pour renforcer notre équipage affaibli. Grâce à l'intervention de M. Rousseau, un des résidents français de Papeete, cette nouvelle se répandit dans l'île, et nous attendîmes le résultat de la publication chez notre hôte, qui nous offrit à déjeuner.

Au milieu de la case, on avait répandu des feuilles de cocotier tressées en guise de nattes : c'était la table ; nous nous assîmes autour.

Métoua, la femme du chef, nous servit à chacun un jeune coco, dont la liqueur devait remplacer l'eau douce qui manque dans cette île aride, et la noix, suppléer au pain que nous n'avions pas apporté ; puis elle disposa symétriquement quelques coupes, faites aussi de cocos secs et pleines d'un mélange d'eau de mer et de coco fermenté, appelé *miti*, et qui sert d'assaisonnement. Quand tous ces préparatifs furent terminés, on s'occupa de servir les mets encore dans le four.

A quelques pas de la porte, on voyait un petit tas de terre amoncelée, haut d'environ 1 pied sur 3 de circonférence, d'où s'échappait une épaisse vapeur. Les Pomotous écartèrent la terre avec leurs bâtons et mirent bientôt à découvert une forte couche de feuilles aromatiques, d'où s'exhala un très-agréable parfum ; après qu'ils eurent ôté les feuilles une à une en les secouant avec le plus grand soin, il ne resta plus qu'un petit cochon de lait, placé sur un lit de pierres rouges, dans une posture fort intéressante et flanqué de quelques feuilles contenant, les unes les entrailles de l'animal, les autres de petits poissons. On déposa bien délicatement le cochon dans un plat de forme oblongue ; puis, après avoir sorti de son intérieur deux poulets cuits à point, on servit le tout devant nous. Quoique les Pomotous n'aient pas, ainsi que les Tahitiens, un grand choix de feuilles, et qu'ils n'excellent pas comme eux à relever leur cuisine par la diversité des aromates dont ils l'entourent, nous trouvâmes le repas très-bon, et chacun de nous y fit honneur.

Pendant que nous fêtions les poulets de Tamaïti, les Canaks s'étaient rassemblés tout près de la case du chef, et les plus influents s'étaient même risqués jusqu'à l'intérieur pour saluer le tavana (commandant).

Quand nous nous levâmes, M. Rousseau, qui venait de nous rejoindre, nous apprit que plusieurs naturels voulaient savoir les conditions de l'engagement.

Transformé tout à coup en racoleur, j'allais de l'un à l'autre, suivi de mon bienveillant interprète, qui leur expliquait le sort heureux que leur offrait la France, et essayait de piquer leur curiosité par la description de tous les pays qu'ils verraient en nous suivant. Plusieurs jeunes gens eurent l'air de vouloir accepter, mais les vieillards, meilleurs appréciateurs de la valeur de l'argent, trouvèrent que la somme de 24 francs par mois n'était pas suffisante, et la foule s'écoula comme elle était venue. Nous allions partir, quand deux grands garçons se présentèrent et demandèrent à signer un engagement. Un troisième arriva bientôt ; entraîné par l'exemple de ses camarades, il demanda à s'engager aussi. Si nous avions pu disposer de quelques jours, bien d'autres sans doute les eussent suivis ; mais l'idée de prendre sur-le-champ une détermination aussi inattendue les effrayait, et nous vîmes que nous ne gagnerions rien à attendre jusqu'au soir. Le commandant donna l'ordre de partir, et nous nous acheminâmes vers l'embarcation.

Une route, qui rendait un bruit sourd sous nos pas, nous conduisit en très-peu de temps à la plage. Ce chemin fait, dit-on, le tour de l'île, quoique en général les indigènes communiquent entre eux d'un bord à l'autre à l'aide de pirogues et de baleinières. Un temple en ruine, quelques cases délabrées, des cocotiers en grand nombre, tels furent les objets que nous vîmes chemin faisant.

Comme nous allions embarquer, le troisième engagé s'approcha de nous, escorté par un moutoï (gendarme indigène) et expliqua à M. Rousseau que M. Not, résident anglais, s'opposait à son départ, sous prétexte qu'il lui devait une certaine quantité d'huile de coco. Le moutoï ne voulait pas entendre raison ; il lui fallait l'huile ou l'homme. Ne pouvant donner l'huile, nous allions renoncer à notre recrue, quand une jeune femme s'approcha timidement du représentant de la loi. C'était la femme du Pomotou, qui venait de s'engager à fournir pour son mari l'huile qu'il devait fabriquer, et lui apportait la main-levée du colon.

L'affaire ainsi arrangée, le moutoï relâcha son prisonnier et nous reprîmes notre route.

Surpris de la démarche de la jeune Canake et plus encore de l'indifférence de l'engagé en matière conjugale, je m'informai près de M. Rousseau de ce que deviendrait, pendant l'absence de son mari, cette petite femme qui se donnait tant de peine pour le faire voyager. « Elle sera, me dit-il, sous la surveillance « des moutoïs, et sa fidélité à l'abri de toute attaque. Si les « jeunes filles sont à peu près libres, il n'en est pas de même « des femmes mariées, et celles qui commettent des fautes sont « si malheureuses que bien peu se risquent à partager leur « sort. »

Cependant, nous étions dans le canot ; de leur côté, sur la plage, les parents des trois Pomotous pleuraient suivant l'usage, et, feints ou sincères, leurs sanglots arrivaient jusqu'à nous. L'impatience commençait à nous gagner, quand deux d'entre eux se mirent en marche pour nous rejoindre. Le troisième, l'homme marié, se leva à son tour, et, un petit coffret à la main, il parut vouloir suivre ses camarades ; mais retenu par sa vieille mère, il hésitait encore..... L'embarcation poussa, et il ne vint pas. Notre expédition ne nous avait rapporté que deux jeunes gens.

Nous courûmes des bords toute la nuit pour nous montrer à Faïté, petite île à 10 lieues au N. d'Anaa, et le lendemain 26, nous fîmes route de ce point pour Fakaroa. Quoiqu'il n'y eût que 10 lieues à faire dans l'O., des calmes qui nous surprirent nous empêchèrent d'y arriver le même jour, et le lendemain seulement nous pûmes envoyer un canot à terre à la mission française.

*Fakaroa*.—(Lat.16°20′S.; long.147°50′O. de P.) — L'officier de corvée avait ordre de ne rester que très-peu de temps; cependant je voulus l'accompagner. Le désir de revoir un de nos vieux amis, le père Laval, l'emporta sur l'ennui d'une course faite dans d'aussi mauvaises conditions, et je m'embarquai pour Fakaroa.

Nous abordâmes au milieu d'un groupe d'indigènes qui étaient venus au-devant de nous. Il y avait bien là cent individus des deux sexes, formant toute la population de l'île. Le bon père Laval, qui nous reconnut, M. Devarenne et moi, se jeta dans nos bras, et nous conduisit à ce qu'il appelait son palais.

Le digne homme était logé comme les naturels dans une case en pendanus, où, pour tout meuble, il possédait un lit et une natte. A quelques pas de là, il nous montra une case un peu plus grande surmontée d'une croix. « C'est notre église, nous « dit-il; mon vieil ami que vous voyez, et il nous indiquait « un vieillard accroupi à la porte de la maison de Dieu, « m'a fait don de tous les matériaux de ce modeste temple « que je suis parvenu à édifier avec l'aide de quelques jeunes « gens. »

Nous n'osions pas demander à notre pasteur s'il avait réussi ; mais il vint au-devant de notre désir. « Grâce au Ciel, nous « dit-il, avec sa simplicité ordinaire de langage, nous avons « bien travaillé, et nos semences ont levé. La vérité se fait jour. « Demain, nous ouvrirons les portes de notre pauvre petite « chapelle, pour y donner le baptême à vingt de nos enfants, « dont quelques-uns approchent de la cinquantaine; ceux-là « ont été plus difficiles à vaincre ; longtemps ils nous ont ré-

« sisté ; mais nous avons eu de la persévérance et, à l'heure
« qu'il est, ils nous sont reconnaissants. »

Or, ce *nous* qu'employait si emphatiquement le père Laval,
auquel il accordait avec tant de raison les succès qu'il venait
d'obtenir, ce n'étaient pas de nombreux associés de son œuvre
de paix, ce n'étaient pas d'autres prêtres voués comme lui à la
régénération des âmes. Ses seuls auxiliaires étaient son dévouement et sa foi. Oh ! c'est que le père Laval n'en était pas
à son coup d'essai à Fakaroa.

Jadis envoyé par la maison de Picpus à Mangaréva, île du
groupe des Gambiers, il avait d'abord été reçu la menace à la
bouche et, plus d'une fois, le fer et le feu s'approchèrent de
sa tête vénérable ; mais, vaincus par son courage et sa résignation, les sauvages s'étaient enfin surpris à admirer cet
homme étrange, qui ne leur demandait que le droit de leur être
utile ; et lorsque, dix ans plus tard, un ordre de son supérieur
vint l'appeler à d'autres épreuves, ils entouraient en larmes
celui qu'ils nommaient alors leur bienfaiteur.

Pendant que nos hommes faisaient cuire une poule dans la
seule marmite qu'il y eût dans l'île, et que d'autres déchar-
geaient les objets que nous apportions à la mission, le père
Laval nous proposa de visiter ses propriétés et nous le suivîmes
avec plaisir.

Chemin faisant, il nous apprit que les pauvres gens appelés
à former son troupeau, protestants d'abord, puis abandonnés
par les ministres de ce culte, à cause de la stérilité de leur île,
étaient depuis longtemps, comme tous les habitants des Pomotou, la proie du premier venu qui s'imaginait de s'intituler
ministre.

« Le dernier, nous dit-il, qui ait eu l'idée d'usurper ce titre,
« est un garçon boulanger de Tahiti, Américain d'origine, qui,
« las de pétrir, est venu à Faïté prêcher une religion nou-
« velle. Comme je suis supérieur de notre mission, j'ai expédié
« mon second, l'abbé Fouquet, pour disputer le terrain à cet
« imposteur. Les pauvres habitants de Faïté, en le voyant
« arriver, ne lui ont pas caché qu'ils étaient fort embarrassés
« de faire un choix, et aussitôt le père leur a offert de les ren-
« dre juges dans leur propre cause, en venant l'entendre dis-
« cuter avec son adversaire les principes de leur religion res-
« pective.

« Je compte beaucoup sur le résultat de ces discussions,
« ajouta le père Laval, car les Polynésiens aiment la gravité,

« et fort de la vérité de la parole sacrée, le père Fouquet parle
« avec calme, tandis que son antagoniste s'emporte fréquem-
« ment. Du reste, vous voyez, fit-il, en nous montrant le bois
« de cocotiers dans lequel nous venions d'entrer, que nous
« pouvons attendre avec patience. Rien ne nous manque, ces
« bons arbres nous donnent à la fois le pain, le vin et l'om-
« bre. » Vérité, hélas! trop grande, car à Fakaroa, comme à
Anaa, le cocotier est l'unique ressource.

Grâce à des travaux dignes de l'ingénieur Mulot, ce persé-
vérant créateur du puits de Grenelle, le père Laval est bien
parvenu à trouver un peu d'eau, potable, seulement le matin
après une nuit rafraîchissante; mais c'est en vain qu'il a essayé
d'importer le coton, dont il espérait doter ses paroissiens.
Tous ses efforts ont été infructueux.

« C'est ici, nous dit-il, que je venais chaque soir me prome-
« ner avec le père Fouquet. Nous y lisions notre bréviaire,
« puis je lui enseignais les moyens de répandre la lumière di-
« vine et, à la nuit, nous nous retirions. Vous pouvez voir en-
« core les deux sentiers que nous avons tracés dans ces prome-
« nades journalières. Je remarque tous les jours qu'il disparaît
« quelque chose du sentier du père Fouquet, mais le mien
« continue à être fort bien entretenu, et, jusqu'à ce que Dieu
« appelle à lui son serviteur, il est probable que je le par-
« courrai souvent. »

Il y avait à l'une des extrémités de cette promenade de 25 à
30 pas de long, un arbre renversé. « C'est là, nous dit le bon
« père, que je viendrai m'asseoir avec mes enfants, et que je leur
« apprendrai à s'aimer et à adorer Dieu : la voûte de mon
« temple est bien un peu à jour, mais leurs prières n'en mon-
« teront que plus facilement vers le Ciel. »

Malgré tout le plaisir que nous faisait éprouver notre entre-
tien avec ce vénérable père, nous lui demandâmes la permission de retourner vers notre canot. En y arrivant, nous trouvâmes tout disposé pour le départ, et, emportant notre poule
pour la manger en route, nous fîmes nos adieux à Fakaroa, et
nous partîmes heureux de notre petit voyage et persuadés que
le bon père Laval prierait pour nous.

A la nuit, nous atteignîmes la corvette, et le lendemain nous ne vîmes plus, en nous éveillant, les îles Pomotou.

Le 30 avril, nous aperçûmes une terre haute couverte de
cocotiers. Jetée comme un nid d'oiseau au milieu de l'immen-

sité, c'était Maïtia, un des fleurons de la couronne de la royale Tahiti.

Nous laissâmes cette île tribord à nous, et nous courûmes vers Souvaroff, que nous vîmes le 12 mai, tout juste assez pour nous assurer que les îles de ce groupe sont basses comme les Pomotou.

Cinq jours plus tard, la vigie signala la terre, et nous vîmes bientôt de hautes montagnes se dessiner à l'horizon. Nous étions en vue de l'archipel des Samoa ou des Navigateurs.

ARCHIPEL DES SAMOA OU DES NAVIGATEURS.

Sans avoir vu l'île Rose de M. Freycinet, ni Maona, où, le 6 décembre 1787, périrent assassinés le savant Lamanon et son infortuné compagnon, le commandant Delangle, nous nous trouvâmes bientôt entre deux grandes îles que nous reconnûmes pour Sévaï et Opoulou.

Comme nous longions la première, une pirogue s'en détacha, et on laissa monter sur le pont deux naturels qui l'armaient.

Il y avait loin de ces gens à nos amis les Tahitiens. D'une taille moins élevée quoique bien prise, nos deux visiteurs portaient pour tout vêtement une ceinture large de 30 centimètres environ en algue marine, et leurs cheveux, brûlés par la chaux, formaient sur leur tête un curieux échafaudage de petits frisons, que je ne saurais mieux comparer qu'à la mousse que font, avec de la laine, nos dames européennes, et dont elles se servent pour exécuter de petits ornements de salon.

Leur teint tient le milieu entre la couleur des noirs et celle des indigènes des îles de la Société, mais leur nez épaté et leurs lèvres saillantes les rapprochent des premiers.

Ces naturels paraissaient habitués à voir des Européens, et rien ne les effrayait. Plusieurs fois on exécuta devant eux des manœuvres qui donnèrent l'occasion d'un grand mouvement dans l'équipage, sans qu'ils s'en inquiétassent, et il nous fut très-facile de les faire descendre au carré, où ils s'assirent par terre, les jambes croisées, avec beaucoup d'aisance.

Tabae et Sévaï furent les seuls mots qu'ils nous adressèrent, sans doute pour nous exprimer leur désir et le lieu d'où ils venaient; mais, en revanche, ils causèrent entre eux avec une volubilité extrême.

Timides et soupçonneux comme tous les sauvages, ils affectaient de ne rien fixer; mais, à quelques gestes que nous pûmes saisir, nous comprîmes que nous faisions les frais de leur conversation ; d'ailleurs, charmés par l'harmonie de leur langue qui nous parut fort douce, nous ne pensions nullement à les interrompre.

Nous n'avions encore vu que la partie civilisée de l'Océanie. Cette rencontre nous plut donc énormément et, à la piste du moindre cachet de sauvagerie, nous épiions nos hôtes avec le plus vif intérêt, quand il nous revint à la mémoire que nos devanciers, les anciens navigateurs, prétendaient que ces insulaires se saluaient en se frottant le nez l'un contre l'autre. L'occasion de s'assurer du fait était trop belle pour que nous la laissassions échapper; mais, comme tout le monde voulait jouir du coup d'œil, nous choisîmes un mousse pour victime. Nous lui fîmes la leçon, et après avoir disposé les acteurs de cette scène de manière à n'en rien perdre, nous lui dîmes d'avancer.

L'indigène était, ainsi que je l'ai dit tout à l'heure, accroupi; l'enfant s'assit, les jambes croisées, en face de lui, et lui tendit la main qu'il saisit, et il se mit à répéter son refrain favori : Sévaï, Tabae. Mais tout à coup, comme s'il comprenait notre pensée, le voilà qui passe son autre main derrière la tête du mousse, et la lui posant sur la nuque, il l'amène à lui et appuie sans hésiter son nez sur le sien. Je laisse à penser lequel, dans cette position, était le plus drôle des deux. Le pauvre petit, surpris de la brusquerie du Canak et moins bien disposé que lui pour ce genre d'exercice, faisait une si piteuse mine que nous intervînmes en sa faveur.

Le fait existait; nous n'en demandions pas davantage. Cependant l'originalité de ce salut nous sourit, et nous ne voulûmes pas laisser partir nos nouvelles connaissances sans échanger une accolade fraternelle, et tous nos nez y passèrent à la joie générale.

La corvette s'éloignait de Sévaï, et bientôt nos amis se séparèrent de nous emportant des marques de notre générosité.

Nous avions quelques lieues à gagner dans le vent pour atteindre l'entrée d'Opoulou; il nous fallut renoncer à la prendre le jour même, mais nous espérions toujours voir arriver le pilote, qui ne vint pourtant pas.

Nous manœuvrâmes pour nous éloigner des terres, et le

lendemain, 19, nous reprîmes notre route vers Apia. Chaque bordée nous rapprochait des îles et nous découvrait un nouveau paysage. Des terres hautes et paraissant couvertes d'une vigoureuse végétation nous reposaient de la monotonie des îles Pomotou et Souvaroff. Enfin nous trouvions une rivale à la superbe Tahiti. De petits îlots qui, d'après notre position, se détachaient des grandes îles, augmentaient par la bizarrerie de leurs formes le pittoresque du tableau.

Gallina, placée au milieu du canal qui sépare Sévaï d'Opoulou, attira surtout notre attention par sa similitude avec un peigne gigantesque dont les roches formaient la tête, et les cocotiers les dents.

En nous approchant de terre, nour vîmes venir à nous une embarcation qui nous parut être montée par des blancs. C'était en effet le pilote qui se décidait à nous venir prendre.

On mit en panne et il monta à bord; c'était un Américain. Deux Français l'accompagnaient, le capitaine de la *Clara*, goëlette de la mission, et le second du même navire, M. Duhamel, fils du trésorier de Tahiti.

Nos compatriotes nous apprirent que, dans les premiers jours du mois, un ouragan très-violent s'était abattu sur l'île, et avait jeté à la côte un trois-mâts américain et leur goëlette, tous deux mouillés sur la rade d'Apia. Les naturels avaient eu, nous dirent-ils, leurs plantations ravagées par la tempête, et les arbres des forêts offraient partout des preuves de la terrible puissance du vent. La maison de nos missionnaires avait été épargnée, mais la chapelle, à peine inaugurée, avait été détruite.

Du reste, ils donnèrent aux pères, nos passagers, les meilleurs rènseignements sur la santé des missionnaires disséminés sur le groupe, ainsi que sur la mission des Wallis.

Ils nous annoncèrent aussi la présence sur rade d'un trois-mâts anglais, la *Maria*, sur lequel était M. Audenet, l'ingénieur de la division. Cette nouvelle augmentait encore notre désir d'arriver tout de suite à Apia, puisque nous devions y trouver un ami. Il fallut cependant remettre au lendemain le plaisir de lui serrer la main, car le pilote nous annonça qu'il ne pourrait nous rentrer plus tôt.

Mécontents de ce retard, nous étions tous étendus sur la dunette, cherchant dans notre imagination les moyens d'oublier ce contre-temps, quand un triste événement vint tout à coup suspendre le cours de nos rêveries.

A notre départ de Tahiti, plusieurs cas de coliques sèches s'étaient déclarés à bord; mais grâce aux soins éclairés de M. Proust, notre chirurgien-major, presque tous les hommes s'étaient peu à peu entièrement rétablis. Chez un seul, le matelot Burgain, le mal avait résisté à toutes les tentatives faites pour l'arracher à une mort imminente et, depuis quelques jours, le docteur avait remis son malade au père Desert, dont les prières ne purent que lui ouvrir le Ciel.

Dans les villes, lorsque le son lugubre des cloches annonce qu'un mortel vient de quitter la terre, le glas funèbre n'a d'écho que dans le cœur de ceux qui lui sont attachés, et des milliers d'indifférents circulent sans émotion autour de son cercueil. A bord, sur ces planches qui lient si intimement les existences, où les dangers sont les mêmes pour tous, où les joies et les peines sont communes, la mort, en frappant l'un, attriste tout le monde!

Aussi cette nouvelle répandit-elle sur nous un long voile de deuil. Tous pensèrent à ce pauvre matelot qui mourait loin des siens. Puis cette pensée ramena insensiblement chacun au souvenir de sa famille absente; beaucoup se demandèrent si, au delà de l'horizon, entre la France et eux, il n'y avait pas un point où devait se terminer leur carrière. Puis, la nuit venue, on se retira en silence, et le sommeil, cette tombe des pensées, vint enfin mettre un terme à nos sombres préoccupations. Le lendemain, ainsi qu'il l'avait annoncé, le pilote nous entra, et nous mouillâmes dans la baie d'Apia.

*Opoulou.* — *Port Apia.* — La rade avait un aspect désolé! Outre la *Clara* et le trois-mâts américain, on voyait encore deux autres bâtiments, dont les coques noires gisaient sur les récifs, comme pour démontrer aux navigateurs la vanité de leurs efforts contre la puissance de la tempête.

Mais bientôt un spectacle plus gai attira notre attention. La *Maria* était mouillée tout près de nous, et des naturels couronnaient son pont. Quelques-uns s'exerçaient à monter dans les enfléchures et se défiaient de vitesse ; d'autres, plus timides, semblaient s'occuper de nous ; plus loin, de jeunes femmes regardaient avec curiosité des étoffes que leur montraient les marins ; enfin, les plus téméraires se jetaient des vergues basses dans l'eau et, remontant par des cordes jetées le long du bord, couraient recommencer leur périlleux exercice.

Ces indigènes, que nous ne nous lassions pas de regarder, étaient vêtus de la même manière que ceux de Sévaï que nous avions vus. Hommes et femmes portaient des ceintures en herbes marines et quelques-uns avaient, de plus, des colliers de coquillages assez jolis; mais leurs cheveux au moins, n'étaient pas brûlés par la chaux et ils semblaient un peu plus familiers que les premiers.

Bientôt nous fûmes entourés à notre tour de tous les points de la baie; des pirogues accouraient pour nous payer leur tribut de curiosité; mais, malgré leur désir de monter à bord, il fallut que nos visiteurs se contentassent de nous regarder du dehors, car les factionnaires ne leur permettaient pas d'accoster.

M. Audenet arriva enfin, et sa présence fut une grande joie pour tous; la *Maria* n'était partie que peu de jours après l'*Alcmène*, de Tahiti. Il n'avait donc rien de nouveau à nous annoncer, mais si loin de notre commune patrie, cette rencontre dans un port que, ni les uns ni les autres, nous n'avions jamais pensé visiter, était un heureux événement. Il nous apprit qu'il allait à Sydney, traiter de l'achat d'une calle de halage pour Tahiti.

Depuis plusieurs jours à Apia, notre ami savait sa plage par cœur; aussi fut-il décidé qu'il serait notre *cicerone*, et dès ce moment il vint augmenter notre famille.

Le port Apia, étroit et parsemé de récifs, n'est un abri pour les bâtiments que pendant neuf mois de l'année. A l'époque de l'hivernage (janvier, février et mars) il est exposé à des vents du N., et surtout à des ras de marée qui le rendent très-dangereux.

Néanmoins, il est fréquenté par un assez grand nombre de baleiniers, et l'Angleterre et l'Amérique y entretiennent chacune un agent consulaire.

La France aussi y est représentée, mais ce n'est que par ses missionnaires, et l'intérêt de son commerce dans ces mers ne semble pas nécessiter la présence d'un diplomate.

Le genre de commerce des Européens, qui consiste en trafic avec les naturels, et l'intérêt que ceux-ci ont à se rapprocher des navires qui leur offrent des débouchés et leur apportent des objets d'échange, les ont amenés à s'établir tout près du lieu où les embarcations peuvent accoster; aussi leurs maisons sont-elles toutes échelonnées sur une même ligne au fond de la baie.

Tout en comprenant l'avantage de cette position, on est surpris que, jetés ainsi au milieu de peuplades sauvages qui atteignent, dit-on, le chiffre de 40,000 individus, ces quelques blancs n'aient pas eu la pensée de se rapprocher et de former un établissement qui leur permît de se défendre de la versatilité de leurs voisins. Mais telle est malheureusement la composition hétérogène de cette population d'émigrants, que l'aveugle égoïsme est la seule règle suivie.

Çà et là, au milieu des demeures européennes, nous rencontrions des cases où vivent les naturels qui servent d'intermédiaires entre les traitants et les gens des îles. Partout on nous reçut fort bien, et lorsque nous manifestâmes le désir d'acheter quelques armes, ce fut à qui nous en offrirait.

Nous nous aperçûmes plus tard que nous étions tombés au milieu de gens plus forts en commerce que nous, car nous payâmes en bel et bon argent des casse-têtes et des lances dont la fraîcheur et les ornements nous prouvèrent, en les examinant de plus près, qu'ils étaient à l'état de marchandises pour les habitants d'Apia.

Descendus à six heures, nous ne pûmes étendre plus loin notre promenade, et nous nous en retournâmes à bord, comptant beaucoup sur le lendemain.

Chemin faisant, un bâtiment en tôle, sur la porte duquel on lisait : Reader-room (cabinet de lecture), attira nos regards. Apporté de Londres, cet édifice, haut de 20 pieds sur 30 de long et 10 de large, sert, nous dit M. Audenet, à la fois de temple pour le culte protestant et de bourse, si je puis m'exprimer ainsi, aux marins des navires en relâche, qui y vont passer leurs transactions et chercher les nouvelles que chaque bâtiment se fait un devoir d'y déposer.

Le père Dubreuil, supérieur de la mission, était venu à bord pendant notre absence et y avait laissé deux jeunes néophytes, pour nous servir de guides dans nos courses ; grâce à cette prévenance, nous pûmes organiser pour le lendemain même une partie complète, et, le fusil sur l'épaule, le docteur et moi nous débarquâmes au jour avec la ferme intention de voir le plus possible.

Les pères Desest et Fonbonne descendirent avec nous et, ayant trouvé sur la plage le père Dubreuil, qui nous y attendait, nous prîmes tous ensemble le chemin de la mission.

La route longeait la mer et, d'abord assez large, elle se réduisit bientôt, après les dernières maisons, à un étroit sentier où deux hommes ne pouvaient plus passer de front.

La nature sortait peu à peu de son sommeil ; de délicieuses petites fleurs, brillantes de rosée, s'épanouissaient timidement aux rayons naissants du soleil. Des oiseaux au mille couleurs voltigeaient de branche en branche en gazouillant leurs chansons matinales ; enfin, chaque pas sur cette terre fortunée, qui semble créée pour le bonheur, nous décélait quelque richesse nouvelle.

Comme nous admirions en silence toutes les beautés naturelles répandues autour de nous, une troupe d'indigènes nous croisa. Les uns étaient armés de casse-têtes et de flèches, les autres de lances ; l'un d'eux tenait fièrement à la main un vieux sabre sans poignée, et un autre un fusil tout délabré. Sont-ce des curiosités qu'ils nous apportent, demandâmes-nous au père Dubreuil. « Non pas, répondit-il, ce sont leurs armes, et ils « ne s'en déferaient pas facilement, car ils ont des guerres « fréquentes entre eux. »

Notre tableau, si riant jusqu'alors, se rembrunissait. A défaut d'animaux nuisibles que le Créateur ne lui a pas permis de jeter sur ces îles, le génie du mal souffle à leurs habitants son envie et, quand ils n'auraient qu'à jouir, ils s'entre-déchirent..... Hélas, l'humanité est bien partout la même !

Cette rencontre nous amena naturellement à causer des indigènes, et nous voulûmes savoir si nous devions prendre au sérieux leur air belliqueux. « Entre eux, nous dit le père Du- « breuil, ils sont bien courageux et ils combattent quelquefois « avec acharnement des journées entières ; cependant, en gé- « néral, ils ne se font qu'une guerre de surprise que termine « la mort d'un seul homme, d'un côté ou de l'autre ; mais ils « ont une telle frayeur des Européens, qu'il suffit d'un blanc « pour mettre en déroute toute une tribu. »

Cette opinion du père Dubreuil, malheureusement répandue parmi tous les gens qui habitent ces îles ou qui les fréquentent, est, à n'en pas douter, la raison d'une foule de malheurs dont beaucoup sont victimes, sans que ces exemples rendent plus circonspects ceux qui en sont témoins.

Persuadé qu'avec un fusil ou un mauvais pistolet, il fera prendre la fuite à tous les sauvages du monde, l'Européen, en mettant le pied sur une île, se pose en conquérant, et ne regarde les naturels que comme des êtres destinés à le servir. A la première résistance, il s'étonne et veut faire un exemple : il tue, et se croit vainqueur en voyant fuir ses ennemis qui, plus effrayés du bruit de l'arme que de la mort de leur compagnon, ne s'éloignent que pour revenir ; puis, un beau jour, ce nouveau dieu sort sans son tonnerre, et il tombe sous une grêle de pierres, heureux encore quand son meurtre, dont il est le véritable instrument, n'est pas le prélude de plus terribles massacres de ses frères innocents.

Hélas ! nous aussi, nous partagions alors cette fatale présomption ; mais elle nous a tant coûté que nous voudrions nous faire entendre de toute la terre, et dire à ceux qui doivent visiter ces îles sans nombre, semées dans l'océan Pacifique : N'ayez de confiance que dans votre prudence et ne vous croyez jamais assez forts, car, vaincus vingt fois, les sauvages vous surprendront un jour et on vous pleurera à votre tour.

Déjà nous avions trouvé plusieurs troupes et nous remarquions qu'à chaque rencontre, missionnaires et indigènes s'arrêtaient un instant immobiles en face l'un de l'autre, puis que les derniers se rangeaient sur le côté et qu'alors le père Dubreuil reprenait sa marche que nous suivions.

Nous le priâmes de nous dire pourquoi il agissait ainsi, ce qu'il fit en ces termes : « Les naturels, aux Navigateurs comme
« à peu près dans toutes les îles, sont divisés en deux classes
« très-distinctes, les chefs ou nobles et le peuple. Corvéable à
« merci, sans cesse le jouet de ceux pour lesquels il expose
« souvent sa vie, sans en tirer d'autre profit que les flèches qui
« peuvent l'atteindre, l'homme du peuple s'habitue à se croire
« d'une race inférieure à celle de ses chefs, et leurs volontés
« sont pour lui des ordres sacrés ; mais en revanche il n'y a
« pas de parole qui puisse peindre le mépris qu'il professe
« pour ceux de sa classe qui appartiennent à d'autres tribus.

« Incapable d'établir une différence entre notre état de civi-
« lisation et leur état de sauvagerie, ils ont classé les Euro-
« péens de la même manière, et la qualité de chef est à leurs
« yeux d'une grande importance, parce qu'elle implique la
« force devant laquelle tout plie.

« D'abord, nous nous dérangions pour leur laisser le passage
« libre, quand nous les rencontrions ; mais ils concluaient de
« la que nous étions moins puissants qu'eux, et cela nuisait
« à notre considération ; aussi, depuis que nous les connais-
« sons mieux, nous nous disons chefs et nous exigeons les
« égards dus à notre rang.

« Sans doute, cela vous paraît bien orgueilleux de la part de
« pauvres missionnaires dont l'humilité doit être la première

« vertu ; mais, soldats de Dieu, nous avons aussi nos devoirs à
« remplir, et nous ne devons négliger aucun des petits moyens
« qui peuvent nous mettre à même de répandre la vérité. »

En ce moment, nous arrivions devant une espèce de bar-
rière formée de troncs de cocotiers : c'était le camp des indigènes. Le père Dubreuil, qui savait leur répugnance à voir
des Européens au milieu de leur forteresse, nous invita à la
tourner, et, après en avoir longé une des faces, nous atteignîmes la mission.

L'orage avait laissé là des traces de son passage. Comme on
nous l'avait dit à bord, la chapelle n'existait plus. Quatre
troncs de cocotiers encore debout disaient seuls la place où
les courageux serviteurs du Christ avaient élevé un temple à
sa gloire.

Après avoir salué les deux pères que nous n'avions pas encore vus, et pris le déjeuner que leurs instances nous forcèrent
d'accepter, nous partîmes pour l'intérieur.

Nos guides étaient bons et, sans doute, nous eussions fort
bien vu le pays ; car, poussés par l'intérêt de notre course,
nous n'étions pas hommes à nous inquiéter de la fatigue ; mais
un orage violent nous surprit une heure après notre départ
et ne nous donna de répit que vers midi.

Néanmoins, nous atteignîmes le sommet des montagnes que
l'on voit du large. De ce point culminant, l'île nous parut
avoir la forme d'un immense cratère. Le versant intérieur des
montagnes qui l'entourent aboutit par des pentes douces à des
plaines verdoyantes de fertilité, et cependant nous aperçûmes
à peine quelques cases isolées. Au fond de cette vallée, ainsi
que du côté qui s'étend vers la mer, de nombreux cocotiers
agitaient leurs têtes altières, et de petits cours d'eau serpentant
au milieu de ces plantations naturelles animaient le paysage.

Après avoir payé notre tribu d'admiration à ce sol fertile,
que l'état de guerre des indigènes ne leur permet peut-être
pas d'habiter, nous dirigeâmes notre course vers une vallée qui
devait nous conduire à la plage, et où nous supposions trouver
du gibier.

Le sentier que nous parcourions, tracé à travers une vaste
forêt, n'était pas fait pour nous mener très-rapidement au but
que nous voulions atteindre. Au-dessus de nos têtes s'élevaient,
à des hauteurs immenses, des arbres d'un diamètre considérable. Çà et là un vieux tronc renversé par l'orage semblait
suspendu aux lianes, qui, à leur tour, protégeaient celui qui,

si longtemps, avait aidé leurs jeunes pousses dans leurs audacieux élans vers la route de la forêt. Des fleurs, des mousses, également nouvelles pour nous, nous charmaient à l'envi, et nous serions restés de longues heures en admiration devant cette riche et vigoureuse végétation, si nos guides ne nous avaient rappelé que nous devions chasser.

Venus pour nous faire tuer du gibier, on eût dit, à entendre leurs instances, qu'ils tenaient à cœur de nous fournir l'occasion de remplir nos gibecières, et force nous fut de presser le pas.

Nous tuâmes quelques pigeons de l'espèce des *colombars*, et une assez grande quantité de petits oiseaux ayant du rapport avec les grives d'Europe.

Au moment de sortir du bois, j'aperçus au bout d'une branche une masse noire immobile qui semblait suspendue à une tige très-faible; l'arbre était fort élevé, et j'imaginai que ce pouvait être un fruit. J'allais appeler un de nos indigènes pour qu'il me renseignât, quand un petit cri, poussé du point que je considérais, me prouva que j'avais affaire à un être animé. Je tirai, mais une légère oscillation imprimée à la masse me fit seule supposer que j'avais atteint le but; piqué au vif, j'ajustai de nouveau, et cette fois je vis tomber à mes pieds un petit animal dont la tête ressemblait à celle d'un renard en miniature, volant au moyen de membranes comme celles des chauves-souris. Cet être singulier, qu'on nomme *roussette*, a la manie de se pendre par une patte aux branches d'arbres et reste longtemps dans cette position. Son corps est couvert d'un duvet fauve, assez épais, qui sert aux naturels à faire une espèce de tresse qu'ils emploient pour ornement; ils en mangent la chair qu'ils trouvent excellente.

Nous débouchâmes sur une vallée assez vaste et cultivée dans presque toute son étendue. Quelques arbres, groupés sur de petites élévations, reposaient l'œil par leurs teintes sombres du vert clair uniforme des carrés de cannes à sucre qui s'agitaient sous le souffle de la brise; à nos pieds, de nombreux canaux d'irrigation entretenaient la fraîcheur sur des champs de taros; plus loin, on apercevait des centaines de petits monticules couronnés de l'épais feuillage de la patate douce, et des perches soutenaient les tiges grimpantes de l'igname aux feuilles allongées; tout, enfin, indiquait un travail actif et bien entendu qui nous donna une haute opinion des indigènes.

En nous enfonçant au milieu de ces plantations, nous rencontrâmes plusieurs cultivateurs gravement occupés à préparer un champ pour du maïs, et leur ardeur était telle que c'est à peine s'ils s'arrêtèrent un instant pour nous regarder.

Et pourtant, ces travaux qu'ils poursuivent avec tant de persévérance, ces récoltes qui leur coûtent tant de sueurs, ne leur rapportent guère que quelques pièces d'étoffes pour se parer les jours de fêtes, et, le plus souvent, de la poudre pour satisfaire leur haine. Quand donc un gouvernement sage viendra-t-il apprendre à ces infortunés tout ce que le travail de l'homme peut produire pour son bien-être et celui de ses semblables? Déjà, sans doute, nos missionnaires, si admirables de dévouement, s'efforcent d'éclairer leur raison, mais les progrès sont lents, et l'intérêt des quelques blancs qui exploitent leur sauvagerie sera longtemps encore un obstacle à leur émancipation.

Tout en faisant ces réflexions sur ce que sont et ce que pourraient être les naturels des Navigateurs, nous arrivâmes à l'entrée d'un ruisseau qui va se perdre dans la mer, et près duquel on nous avait annoncé du gibier.

Nous nous mîmes en chasse, et bientôt nous pûmes féliciter nos guides de leur sagacité. Le terrain, un peu marécageux, abondait en poules d'eau et en sarcelles; aussi fîmes-nous vite une ample provision de ces oiseaux, à la grande jubilation de nos petits naturels, auxquels nos succès arrachaient des cris d'enthousiasme.

Le soleil avait malheureusement, comme nous, marché tout le jour, et force nous fut de quitter ce paradis des chasseurs pour regagner la corvette. Nous prîmes à travers champs, et il nous fallut entrer dans l'eau pour éviter un long détour.

Nous devions faire un singulier effet, voyageant ainsi le fusil sur l'épaule, un bâton à la main, au milieu d'un ruisseau d'une quinzaine de pieds de large, sous un berceau de verdure qui nous cachait le soleil, suivis de nos écuyers courbés sous le poids de notre chasse. Aussi cette réflexion fut-elle pour nous l'occasion d'un rire homérique. Cependant, au bout d'une petite demi-heure, la situation nous sembla moins plaisante, et nous nous aperçûmes que nos jambes se trouvaient fort mal de la nécessité de déplacer à chaque pas une masse d'eau considérable; et quand enfin nous pûmes mettre le pied sur la terre ferme, nous décidâmes d'un commun accord que les ruisseaux n'avaient pas dû être imaginés pour servir de voie de communication à des piétons.

Nous ne pouvions arriver plus à propos; le canot major venait d'accoster. Pendant que nous attendions le signal du départ, nos jeunes conducteurs nous amenèrent une troupe d'enfants qui avaient plusieurs petites perruches que nous nous empressâmes d'acheter.

Je ne connais rien d'aussi charmant que ces petits animaux. Gros comme des moineaux, elles en ont toute la vivacité, et on les voit voltiger sans cesse d'un cocotier à l'autre, sans paraître s'occuper des hommes qu'elles effleurent quelquefois dans leur vol rapide; elles ont la tête d'un bleu pâle qui tranche avec le vert de leur dos; sur leur poitrail s'étalent des plumes du plus beau jaune d'or; enfin, le dessous de leur queue est d'un rouge de sang, et leur bec, ainsi que leurs pattes, du rose le plus tendre. Mais c'est pitié pour les pauvres petites d'avoir un aussi mauvais interprète de leur grâce, et ce que je puis dire de mieux pour peindre leur gentillesse, c'est que tout le monde à bord voulut en avoir.

Au moment où nous atteignions la corvette, une baleinière, nagée par des naturels et gouvernée par un Européen, en débordait, et l'*Alcmène* saluait de sept coups de canon : c'était le célèbre Pritchard, consul de Sa Majesté britannique aux Navigateurs.

Pritchard, dont le nom a fait tant de bruit en France, et dont les intrigues ont failli rompre la bonne harmonie entre deux grandes puissances, est à la fois consul, ministre de son culte, et surtout négociant au port Apia.

Mis en possession de sa nouvelle dignité par un navire de guerre anglais, il exerce dans ces îles une autorité que personne ne lui conteste, car peu de ceux avec qui il est en relation comprennent son caractère, et il compte sans doute sur cette position pour arriver à ses fins. Toujours dominé par cet esprit inquiet et entreprenant qu'il avait à Tahiti, on dirait qu'il est à la piste d'une occasion qui puisse justifier l'intervention de son gouvernement, et entraîner la prise de possession de l'archipel par l'Angleterre. Peu de temps avant nous, un bâtiment de guerre de la station étant venu le visiter, Pritchard se plaignit amèrement au commandant de ce navire d'une insulte grave faite à son épouse par un des chefs déjà fort mal disposé, disait-il, pour les Anglais. Après l'avoir attentivement écouté, le commandant le pria de préciser les faits pour fixer son opinion; mais là était l'embarrassant, car il s'agissait de dire que le malencontreux chef avait montré à madame Pritchard une partie de son corps que, nous autres gens civilisés, nous n'appuyons que sur nos chaises, et, malheureusement, en anglais, ce mot est de la classe des inexprimables. Enfin, le commandant finit sans doute par comprendre, et trouvant, comme son consul, le procédé outrageant, il envoya quérir le chef pour lui signifier d'avoir à réparer sur-le-champ la faute qu'il avait commise, sous peine d'être châtié.

Par malheur pour la politique de Pritchard, le naturel, après avoir appris de quoi on l'accusait, s'approcha du commandant; puis, sans se déconcerter, il lève la ceinture qui lui entoure les reins, découvre aux yeux étonnés des assistants la partie coupable, et s'assied par terre en disant à son accuteur : « Voilà ce que j'ai fait; et, si c'est un crime, il faut « punir tous les habitants d'Opoulou, car, pas plus que moi, « ils ne savent s'asseoir autrement. »

Le commandant rit beaucoup et jugea convenable de ne donner aucune suite à cette affaire, engageant Pritchard à ne pas se montrer plus susceptible que lui.

Nous sûmes que, peu aimé des naturels, il avait été menacé par eux, quelques jours avant notre arrivée, d'avoir sa maison brûlée. Aussi vit-il en bonne intelligence avec la mission française, comprenant sans doute qu'elle pourrait bien lui devenir d'un grand secours en lui servant de refuge, ce qui ne l'empêche de répandre des gravures représentant les papistes comme des diables qui mangent les petits enfants.

En somme, nous devons dire qu'en sa qualité de négociant, il nous a fourni d'excellente viande fraîche, et qu'il a mis la grâce la plus parfaite à accepter la traite sur le Trésor que nous lui avons donnée en échange.

Quand nous le visitâmes, tout était en désordre chez lui. L'orage n'avait pas plus épargné le ministre de la religion réformée que les missionnaires catholiques, et sa maison n'avait plus de toiture; il nous fit néanmoins un accueil fort aimable et nous offrit d'excellents cocos.

Le lendemain, le père Dubreuil, et les deux autres missionnaires français qui ont entrepris de catéchiser l'île d'Opoulou, et dont les noms m'échappent, vinrent à bord. Ces messieurs se rendaient à l'invitation du commandant, chez lequel nous déjeunâmes avec eux.

La veille, poussés par le désir de voir le pays et de chasser, nous avions peu questionné en dehors des choses qui frappaient notre vue; le moment était venu de prendre notre revanche, et nous en profitâmes. Nous apprîmes que, fixés depuis peu de temps à Opoulou, ces pères, de la société de Marie et du diocèse de Mgr Bataillon, n'avaient encore pu faire que peu de prosélytes; mais qu'ils fondaient beaucoup d'espoir pour l'avenir sur la manière dont ils avaient été accueillis. Déjà le plus jeune des pères s'était établi dans l'intérieur, où, grâce à ses travaux et à la fertilité du sol, il se suffisait facilement, et trouvait encore moyen de faire des cadeaux à ses voisins.

Quant au père Dubreuil et à son collègue d'Apia, ils s'efforçaient d'attirer à eux les chefs de la baie, dont la conversion entraînerait infailliblement celle d'une grande partie de la population; du reste, les bons pères étaient, nous dirent-ils, dans d'excellents termes avec les gens d'Opoulou.

Il paraît malheureusement que les naturels de Sevaï ne sont pas aussi bien disposés que leurs voisins en faveur des pères; quoiqu'ils eussent promis de fournir à leurs missionnaires les vivres qui pourraient leur être nécessaires, ils avaient peu de temps après renoncé à leurs engagements, et le pauvre prêtre victime de cette barbarie allait mourir de faim si un secours inespéré du Ciel n'était venu prolonger ses jours.

Dans la journée, nous visitâmes avec les pères le camp indigène. Ils avaient eu la bonté, afin de ne pas blesser la susceptibilité de leurs voisins et de satisfaire à notre curiosité, de leur en demander l'autorisation.

Bordé d'un côté par la plage, ce camp, qui renferme une centaine de cases, est entouré du côté de l'intérieur d'une palissade en feuilles de cocotier qui n'offre pas la moindre résistance, et dont une seule allumette chimique ferait vite raison. Les deux extrémités seulement aboutissent à des obstacles formés de cocotiers plantés en terre à 10 pieds de hauteur, et qui forment un chemin brisé dont la défense est très-facile contre des assaillants armés de lances ou de casse-têtes. Quoique les pères ne nous aient rien dit à ce sujet, il est probable qu'il est d'usage parmi ces peuples de n'attaquer ces espèces de village que par les portes; car, autrement, les semblants de défense qui les entourent seraient inexplicables.

Nous trouvâmes chaque case abondemment pourvue d'armes qu'on ne voulut pas nous vendre; les femmes, par exemple, nous cédèrent volontiers, pour quelques grains de verroterie, des étoffes imprimées faites avec de l'écorce d'arbres pilée, dont elles se font des vêtements assez semblables pour la forme à des chasubles. Ce sont des morceaux d'étoffes longs de 1 mètre 25 centimètres environ, et larges de 50 centimètres, avec une simple ouverture au milieu pour passer la tête, de sorte que chaque partie de vêtement retombe devant et derrière sans aucun apprêt.

Nous eûmes aussi des peignes très-délicatement travaillés et des ceintures en herbes fraîches, qui, avec les colliers faits de coquilles enfilées, complètent le vêtement du beau sexe.

Quelques-uns furent assez heureux pour obtenir des nattes en pendanus de 1 mètre de long terminées par une jolie frange de la même matière et piquées de poils de roussettes, qui leur donnent un cachet tout particulier.

Nous visitâmes ensuite les pirogues. Elles étaient soigneusement tirées au sec, et nous pûmes remarquer qu'elles étaient l'objet des précautions les plus grandes. Ces embarcations, longues de 20 à 30 mètres, sont creusées dans des troncs d'arbres; elles ont les gaillards d'avant et d'arrière pontés, ce qui les rend plus propres à tenir la mer en les mettant à l'abri des lames. En général, l'avant est garni de coquilles brillantes; nous ne remarquâmes sur celles-là aucune ciselure.

Enchantés de nos acquisitions, nous nous séparâmes, les uns pour rejoindre le bord, les autres pour suivre le commandant, qui dînait avec eux chez les pères.

Le 23, nous nous occupâmes du ravitaillement de notre table, et avec l'aide d'un Pomotou que nous trouvâmes sur la plage, le chose fut très-facile. Les poules, les dindons, les œufs, les cochons, nous arrivaient comme par enchantement, et je serais ingrat de ne pas mentionner tout particulièrement les bananes qu'il nous fournit, et qui sont, certes, bien supérieures à toutes celles que nous avons mangées dans les autres îles de l'Océanie. Vertes et courtes, elles ont un parfum exquis, et on ne peut se les rappeler sans éprouver le regret que l'espèce n'en soit pas plus répandue.

Le soir, nous eûmes le plaisir d'avoir à notre table les pères Maristes, et dans ce dîner d'adieux nous eûmes mille occasions d'admirer l'abnégation de ces bons prêtres.

Ils ne voulurent pas se séparer de nous sans nous laisser un souvenir de notre passage aux Navigateurs, et ils nous prièrent d'accepter de fort belles armes dont l'achat leur a coûté sans doute de nouvelles privations.

Enfin, le 24, après avoir attendu la brise jusqu'à deux heures, nous quittâmes Apia, reconnaissants envers notre commandant de nous avoir ménagé cette relâche, qui nous a été d'autant plus agréable qu'elle n'était pas prévue dans notre itinéraire.

La *Maria* sortit peu d'instants après nous, et pendant quelque temps nous fîmes route de conserve. Mais bientôt, avec la brise qui se leva, nous prîmes les devants, et le lendemain nous étions seuls faisant route pour les Wallis.

### GROUPE DES WALLIS.

Le 27 au matin, au delà d'une enceinte de récifs sur lesquels la mer venait se briser, nous aperçûmes une vaste baie dont les eaux paisibles baignaient de petits îlots couverts de verdure; nous étions arrivés à notre troisième station.

Une baleinière se détacha de terre, et un instant après deux hommes montaient à bord. Le premier, grand de 5 pieds 4 pouces environ, avait la figure encadrée par une épaisse barbe d'un noir éclatant, qui, avec le brillant de ses yeux, donnait à sa physionomie une expression de hardiesse et de force justifiées par ses formes athlétiques. C'était le pilote. Il portait avec aisance un habit bleu à boutons de métal, un pantalon blanc et un superbe gilet rouge qui couvrait sa large poitrine; son col de chemise prouvait l'habitude qu'il avait de ce vêtement; enfin, une casquette à galon d'or terminait ce costume, et il ne lui manquait, pour être un pilote irréprochable, qu'une paire de souliers; mais la chose pouvait s'expliquer par l'éloignement des Wallis, et nous crûmes avoir affaire à un Anglais. A peine à bord, il demanda le *captain*, et lorsqu'on le lui eut montré, il salua M. D'Harcourt avec assez de grâce; puis, à notre grande surprise, il s'annonça comme Tangaala, frère du roi d'Uvéa, et nous dit qu'en sa qualité de ministre de la marine, il pilotait les navires qui voulaient entrer, et, comme preuve de ce qu'il avançait, il nous remit un règlement de la baie où nous lûmes ses titres.

Tangaala était accompagné d'un naturel qui nous amusa beaucoup. Zélandais d'origine, Poti ne semblait suivre le pilote que pour porter les règlements de la baie et quelques certificats de capitaines; aussi le baptisâmes-nous du titre de secrétaire.

Pour faire honneur à son patron, sans doute, il portait une veste de soldat français, hantée sur un tapa du pays qui lui tenait lieu de pantalon. Sa bouche était entourée d'un tatouage bleu d'un aspect fort original. Sérieux lorsque personne ne lui parlait, le brave Poti grimaçait un sourire à quiconque lui adressait la parole, ce qui arrivait très-souvent, grâce à la curiosité que ces deux personnages nous inspiraient; mais son excessive mobilité le servait à souhait; aussi serait-il difficile de dire combien de fois par minute il se livrait à cet exercice.

Pendant que nous faisions route vers le port, il nous esquissa le portrait de Mgr Bataillon, et à sa pantomime nous conclûmes que l'évêque d'Enos était grand, gras, et que les Canaks le respectaient infiniment. En courtisan consommé, il ne manqua pas non plus de nous vanter Tangaala, et nous pûmes juger qu'il le considérait comme un homme très-remarquable.

Nous arrivâmes en face la passe, et nous donnâmes dedans. Le passage était étroit; de violents courants causés par le récif, qui tantôt s'avance brusquement au milieu, tantôt présente un creux, semblaient vouloir entraîner la corvette. L'eau clapotait autour de nous, et par instants des bastingages on dominait l'accore du banc. Saisis d'admiration devant ce spectacle nouveau, tout se taisait à bord, l'on n'entendait que la voix du commandant, et les manœuvres se succédaient avec rapidité.

Nous fûmes bientôt au pied d'une petite île de l'aspect le plus pittoresque. Le flanc qui nous faisait face, couvert de roches entre lesquelles croissent des arbres et des broussailles, ressemblait à une de ces crèches qu'on a coutume de faire dans les églises à l'époque de Noël. Des jours ménagés dans la verdure figuraient des chemins serpentant jusqu'au sommet, et si une croix avait dominé le tout, l'illusion eût été complète.

Tout à coup nous fîmes un coude vers l'Ouest et nous entrâmes dans la baie intérieure, où, après avoir glissé sur une mer aussi unie qu'une glace, l'*Alcmène* laissa tomber l'ancre au milieu de petits îlots et de pâtés de corail dont les têtes timides se montraient çà et là à fleur d'eau.

Aussitôt après le mouillage, M. d'Ehrensvard partit pour la

mission, où il allait accompagner les pères que nous amenions de Tahiti, et présenter les salutations du commandant à Mgr Bataillon

Ainsi, à peine arrivés, il fallait voir se briser les liens de la douce intimité qui nous unissait à nos passagers. Nous aussi, nous laissions notre part de regrets dans ce gouffre qui sépare les deux mondes. Hélas ! Dieu seul sait ce qui attend les pères Fonbonne, Desest, Michel et Sage, dans leur vie de dévouement, et par quelle épreuve ils auront à passer ; puissent-ils au moins trouver une légère consolation dans l'intérêt qu'ils savent inspirer à ceux qui les connaissent et qu'ils laissent pleins de leur souvenir !

Le canot poussa, et en serrant la main de nos bons amis, nous leur promîmes de les aller visiter le lendemain.

Il était cinq heures ; jusqu'à la nuit nous nous plûmes à reposer notre vue de la monotonie de la pleine mer, en étudiant le groupe au milieu duquel nous nous trouvions.

Nous remarquâmes qu'un chenal séparait les deux îles principales, et permettait de sortir du port où nous étions sans revenir sur ses pas.

Au fond du paysage, à quelques milles de nous, nous apercevions la baie de l'Embuscade, où la corvette française de ce nom s'abattit en carène après avoir touché en donnant dans la passe.

Le 28, au jour, nous descendîmes et nous nous dirigeâmes vers la mission.

A une encablure de la plage, il nous fallut nous mettre à l'eau et marcher sur un banc de corail qui ne permet pas aux embarcations d'aller plus loin. Ce fut à qui, parmi les naturels qui attendaient notre arrivée avec curiosité, nous porterait ; et, grâce à ce concours, nous fûmes bientôt en terre ferme.

Au même instant, un groupe se détacha d'une maison à l'européenne située à cent pas de là, et nous reconnûmes l'évêque suivi de son clergé.

Notre Zélandais ne nous avait pas trompé. Mgr Bataillon était d'une taille imposante, et toute sa personne respirait la dignité. Sur son passage, les Canaks se courbaient respectueusement pour recevoir sa sainte bénédiction, et ce digne prélat, au milieu de ce peuple qu'il a arraché à l'erreur pour le faire jouir des douceurs du christianisme, semblait plus heureux de la piété de son troupeau que jamais conquérant, dans ses jours de triomphe, ne le fût de sa propre gloire.

Lorsque nous lui eûmes tous présenté nos respects, nous le laissâmes causer avec le commandant, et chacun de nous se disposa à suivre ses penchants naturels.

Le docteur et moi nous partîmes pour la chasse avec un frère de la mission, qui nous promit de nous faire tuer beaucoup de gibier.

Effectivement, nous rapportâmes bien une douzaine de pigeons chacun ; mais ce fut, avec quelques aigrettes, tout ce que nous vîmes ce soir-là.

Le pays que nous parcourûmes est curieux pour la variété de ses productions, quoique le terrain nous parût être le même partout; ici nous trouvions un bois d'un demi-mille de long; puis, brusquement, nous arrivions à des espaces d'une aussi grande étendue où le soleil ne trouvait pas un obstacle à ses rayons. Enfin, parfois, nous rencontrions des cases inoccupées entourées de plantations, où croissaient à plaisir des cannes à sucre, des bananiers, de papayers, des patates douces, des courges et des citrouilles. La route elle-même nous offrait à chaque instant des accidents nouveaux : après avoir gravi un mamelon, nous tombions, sans nous l'expliquer, sur une crique où la mer venait de bien loin sans doute frapper les échos de son harmonie plaintive au milieu du silence de la nature.

Tous les naturels que nous croisions nous saluaient cordialement, et souvent même s'arrêtaient pour nous offrir des fruits ou nous indiquer un endroit propre à la chasse; aussi, à notre retour, étions-nous enthousiasmés de leur caractère.

Nous regagnâmes la côte, et, en la suivant, nous arrivâmes près de nombreuses cases d'où partait un bruit assourdissant de marteaux.

Ce sont les fabriques d'étoffes, nous dit le frère qui nous accompagnait. Nous vîmes, en effet, un assez grand nombre de femmes occupées à battre de l'écorce d'arbres au moyen de maillet à rainures; dans d'autres cases, nous en aperçûmes qui peignaient les tapas que fabriquaient leurs voisines; et, enfin, à côté, quelques-unes étendaient au soleil les ouvrages terminés.

Partout régnait une incroyable activité. C'est qu'aussi il s'agissait des préparatifs d'une grande fête religieuse, et que chacune prenait à cœur son travail.

En suivant cette espèce de rue, nous atteignîmes un établissement en construction appartenant à la mission.

L'évêché est de l'autre côté de l'île ; aussi Monseigneur, qui se trouvait là par hasard, était-il assez mal pourvu lui-même des choses indispensables. Il n'y avait encore qu'une maison, dont le rez-de-chaussée était inhabitable, et servait, en attendant mieux, à la fois d'étable, de magasin de dépôt et de cuisine ; puis un étage, ou plutôt un réduit, où couchaient les pères, et auquel on arrivait au moyen d'une échelle. Auprès on voyait un jardin assez vaste qui donnait les plus belles espérances, et des naturels travaillaient activement à un chemin qui devait relier l'établissement au village indigène, qui comprend les cases dont j'ai déjà parlé, et quelques autres qui les avoisinent.

Avec des ingénieurs comme ces messieurs et des ouvriers aussi zélés que les Wallisiens, il est bien probable que maintenant ces travaux sont achevés.

Ce fut en vain que nous voulûmes faire accepter une partie de notre chasse aux pères ; il nous fallut emporter notre gibier à bord.

Nous apprîmes en rentrant que Mgr Bataillon devait venir le lendemain visiter la corvette. En effet, dès sept heures du matin les embarcations partirent, et à neuf heures l'évêque et les missionnaires se trouvaient réunis avec nous chez le commandant, où nous déjeunâmes ensemble.

On parla beaucoup de la mission. Monseigneur nous apprit qu'Uvéa était le centre de son diocèse, qui s'étendait jusqu'aux Navigateurs et l'archipel des Amis.

Il nous fit l'éloge des naturels qui ont, disait-il, le caractère doux et sociable. Vous visitez le pays dans de mauvaises conditions, ajouta-t-il, mes pauvres enfants sont en guerre entre eux à propos des droits à la succession royale, et l'île est presque inhabitée, car ils se sont réunis dans des camps, d'où ils peuvent plus facilement se défendre ; mais j'espère que votre présence va faire cesser ce malheureux conflit et rendre la paix au pays.

Tout préoccupé de son troupeau et des satisfactions qu'il lui donnait, le bon pasteur oublia de nous dire comment le catholicisme s'était introduit aux Wallis, ou plutôt sa modestie l'en empêcha, car ce fait valait bien la peine d'être relaté. Voici ce que nous avons su depuis : Un jour, un des missionnaires de Tonga-Tabou fut envoyé à Uvéa dans le but de catéchiser le pays ; heureux de sa pénible tâche, le dévoué serviteur de Marie se fit mettre à terre par un bâtiment qui passait, et il se présenta au roi en lui annonçant sa sublime mission.

Déjà quelques indigènes avaient vu des missionnaires protestants, mais la plupart étaient idolâtres; on tint conseil, et il fut décidé que, n'ayant que faire de la religion du Christ, ou mettrait son ministre dans une pirogue et qu'on l'abandonnerait à la merci des flots.

Le jour suivant, à l'heure où la brise de terre s'élève régulièrement, et porte vers Foutouna, on exécuta la sentence, et, après avoir orienté la voile du frêle esquif, on le lança vers le large, puis chacun s'éloigna.

Le lendemain, des enfants trouvèrent sur la plage la pirogue, que les vents avaient rejetée à son point de départ. Cette nouvelle, en se répandant dans l'île, produisit une grande sensation.

Le conseil s'assembla de nouveau, et il conclut que, puisque, contre toute attente, le vent n'avait pas poussé l'homme blanc loin de l'île, il était inutile d'essayer de s'en défaire et qu'on devait lui permettre de rester.

Or, ce missionnaire, abandonné comme un autre Moïse au gré des vagues, c'était Mgr Bataillon lui-même, alors simple prêtre, qui, quelques années plus tard, donnait à ces malheureux la vie éternelle en échange de la mort à laquelle ils l'avaient voué.

Après déjeuner, Monseigneur passa l'inspection de l'équipage en présence des indigènes étonnés des honneurs qu'on rendait à leur picopo. Puis, après une courte visite dans l'intérieur du bâtiment, il le quitta au bruit de notre artillerie pour se rendre à Notre-Dame, siége officiel de sa mission. Le commandant et le docteur le suivirent, et nous nous donnâmes tous rendez-vous pour le lendemain à l'évêché.

Le 30 au jour, tout le monde était debout à bord, et à six heures nous partions dans la baleinière, le lieutenant M. Devarenne et moi; M. Boch nous suivait dans la chaloupe avec la compagnie de débarquement escortant le grand canot, qui portait une cloche destinée, elle aussi, à figurer dans la solennité qui se préparait.

Nous arrivâmes vers dix heures. Ce fut l'église qui frappa d'abord nos regards. Une foule de naturels des deux sexes l'environnait; on voyait à leur air affairé que tous voulaient prendre part aux préparatifs qu'exigeait la fête.

Un grand nombre de femmes était occupées à orner un re-

posoir qui faisait face au temple. Les unes tressaient des couronnes, d'autres faisaient des bouquets destinés à garnir l'autel ;
toutes travaillaient avec ardeur, tandis que des guerriers en
costume national, le fusil à la main, semblaient veiller sur ce
petit monument de leur foi ; parmi ceux-ci nous reconnûmes
notre Zélandais Poti affublé d'une gravité de circonstance. Il
voulut bien, à notre prière, abandonner un moment son poste
pour nous conduire chez Monseigneur.

Nous longeâmes l'église ; puis, à l'extrémité d'un petit chemin bordé de murailles, nous arrivâmes par une pente rapide
à une porte percée dans un mur d'enceinte et dominée par
une espèce de donjon qu'on nous dit être le cabinet de l'é-
vêque.

Cette porte donnait accès dans une vaste cour ; à gauche
s'élevait une maison de forme européenne : c'était le presbytère ; en face, à droite de l'entrée, était un hangar servant à la
fois d'atelier et de demeure à quelques-uns des membres de la
société. Enfin, au fond, se dessinaient les cases d'un camp indigène au milieu duquel vivaient nos missionnaires.

Après avoir rendu nos devoirs à Mgr d'Enos et au commandant assis devant le presbytère, nous prîmes place
près d'eux, et on nous offrit le kava que nous acceptâmes à
tout hasard.

Deux jeunes naturelles, fort gracieuses et pudiquement vêtues de camisoles comme en portent les femmes de Provence,
vinrent s'asseoir devant nous.

On plaça près d'elles un plat rond en bois, d'un diamètre
d'environ 50 centimètres, supporté par quatre pieds très-bas,
un vase plein d'eau, un paquet de racine de kava et des touffes
d'herbes sèches.

Après s'être préalablement passé de l'eau dans la bouche,
les deux jeunes filles prirent des morceaux de racines, les
grattèrent avec des coquilles, les fendirent, puis se livrèrent
pendant quelques instants à une vive mastication. Cette opération terminée, elles mirent les racines mâchées dans le plat,
jetèrent dessus quelques poignées d'herbes sèches, et versèrent
de l'eau sur le tout. Alors elles pressèrent avec leurs mains cet
appétissant mélange jusqu'à ce qu'elles eussent obtenu une
liqueur verdâtre, dont elles remplirent des coupes en coco
qu'elles nous offrirent. Quelques-uns d'entre nous trouvèrent
cette boisson fort bonne ; d'autres, avec moi, prévenus peut-
être par l'étrangeté de la préparation, y touchèrent à peine et
la trouvèrent d'un goût désagréable.

Les plats qui servent à la fabrication du kava conservent un vernis magnifique. Ce sont des teintes d'un vert tendre, charmantes à l'œil, et d'un poli qui pourrait rivaliser avec la laque de Chine.

Nous nous mîmes à table, et, après un copieux déjeuner, nous partîmes pour le collége.

Le chemin qui nous y mena était bordé de haies, couvert de fleurs et de feuilles, qui formaient au-dessus de nos têtes un berceau sous lequel nous bravions impunément les rayons du soleil.

Après une heure de marche, nous nous trouvâmes sur un petit mamelon presque entièrement dépourvu d'arbres d'où nous aperçûmes le collége, qui nous parut fort bien situé.

Le bâtiment principal, placé sur le bord d'un ravin, où croissent pêle-mêle des fougères arborescentes aux feuilles en parasol, de robustes bananiers, de frêles arbrisseaux et des arbres à la tête altière, voit s'étendre devant lui une vaste prairie que les élèves transforment peu à peu en jardin, tandis que, sur ses derrières, le terrain s'abaisse en pente douce jusqu'à une riche vallée, au fond de laquelle coulent des eaux paisibles qui y entretiennent la fraîcheur et la fécondité. Enfin, au delà de la vallée, entre deux montagnes qui viennent y aboutir, on aperçoit la mer, et au loin d'autres îles que ce site domine, comme plus tard les élèves de cette jeune académie domineront leurs voisins.

Le père Mérier, chargé de cet établissement, voulut bien nous le faire visiter dans tous ses détails. Ce fut avec grand plaisir que nous vîmes la petite imprimerie que le digne prêtre est parvenu à créer avec les seules ressources de l'île. Il nous montra les épreuves d'un catéchisme qui ne laissaient rien à désirer.

Etonnés des succès qu'il avait obtenus, nous félicitâmes le bon père et nous lui demandâmes si, du moins, les enfants qu'il dirigeait étaient reconnaissants. Mon Dieu non, nous dit-il d'un ton résigné, ils sont prévenants et paraissent nous affectionner, mais leur nature incomplète ne leur permet pas de nous aimer bien sincèrement, et nous partirions demain qu'ils ne penseraient bientôt plus à nous.

Et c'est avec la conscience de cette ingratitude innée chez ces peuples que ces hommes dévoués vont périr ignorés si loin de leurs affections, pour le service de Dieu et le bien de l'humanité; admirable conduite, qui n'est appréciée que par le cœur de ceux qui, comme nous, savent les souffrances qu'elle entraîne!

Près du collége étaient une chapelle en construction et un petit pavillon dont le rez-de-chaussée servait d'atelier. Le premier, auquel on arrivait par une échelle, était la cellule du père Mérier, digne demeure d'un pieux serviteur de Dieu, où, pour lui plaire, tout était simple et modeste.

Avant de rejoindre la mission, nous voulûmes voir un lac intérieur dont on nous avait vanté les beautés, et du haut de la montagne, qui s'élevait devant nous, nous pûmes satisfaire notre curiosité.

Au fond d'un immense entonnoir aux bords couverts d'une riche végétation, s'étend une masse d'eau que le souffle de l'orage ride à peine en passant et dont jusqu'à ce jour on n'a pu calculer la profondeur. C'est le lac, qu'on dirait assis sur les laves d'un ancien cratère.

Des troupes de canards effrayés s'enfuirent à notre approche, et nous fîmes lever de nombreux pigeons, heureux habitants de ces bords paisibles qui donnent la fraîcheur à leurs demeures aériennes.

Après quelques minutes de contemplation, nous descendîmes et, pour varier le coup d'œil, nous retournâmes à Notre-Dame par la plage.

A une certaine distance du collége, un bruit de pas précipités nous fit tourner la tête et nous vîmes défiler devant nous deux jeunes indigènes montés sur des chevaux lancés à toute vitesse, qu'ils conduisaient avec assurance au milieu des obstacles sans nombre de la route. Ce sont, nous dit le père, les jeunes gens que vous avez vus à la maison. Ils étaient de garde, mais je leur ai donné l'autorisation d'aller à la procession et ils mettent à profit le temps qui leur reste; et comme nous étions étonnés de les voir aussi habiles cavaliers, il nous apprit qu'ils devaient ce talent à un frère, ancien éleveur de chevaux, qui avait été leur professeur.

Il était trois heures quand nous arrivâmes à l'évêché. On nous dit qu'un instant les naturels avaient craint de ne pas pouvoir débarquer la cloche qu'ils attendaient si impatiemment; mais que, grâce à leurs efforts, elle était enfin montée sous la grande porte du camp, d'où nous l'entendîmes bientôt sonner à toute volée.

Avant d'aller plus loin, je dois raconter l'histoire intéressante de cette pauvre cloche, que je ne voudrais pour rien au monde passer sous silence.

Deux ans à peu près avant l'époque dont je parle, une dame charitable avait fait cadeau à une mission de l'Océanie d'une cloche assez belle qui, transbordée de navire en navire, était venue s'arrêter aux Wallis où elle faisait le bonheur des habitants par sa voix sonore qui laissait si loin en arrière le monotone roulement de leur tambour de guerre. Par malheur, la donatrice, voulant savoir si son présent était arrivé à destination, avait fait des recherches et, un beau jour, les Wallisiens s'étaient vus contraints de remettre à un bâtiment marchand l'objet de leur admiration, leur cloche bien aimée.

L'émotion générale fut si profonde que l'on parla, je crois, de révolte; mais le bon picopo calma le public en lui promettant de faire venir par la première occasion une autre cloche plus belle et plus retentissante encore que celle qu'on leur enlevait. Et cette cloche tant désirée, nous l'apportions précisément le jour de la fête; elle ne pouvait manquer d'être reçue avec enthousiasme.

C'était l'heure de la procession; nous n'eûmes que le temps de revêtir nos uniformes, que nous avions fait apporter le matin, et nous descendîmes à la suite de Monseigneur, qui nous quitta à la porte de la sacristie.

Nous prîmes place sur les bancs préparés pour nous dans le chœur, d'où nous pûmes examiner l'aspect de l'enceinte sacrée.

La chapelle pouvait contenir 300 à 400 fidèles; des colonnes en cocotiers soutenaient son toit de feuillage hardiment posé sur des murailles de bambous; au milieu de la nef, terminée en hémicycle, s'élevait l'autel, garni de fleurs et de cierges, et faisant face à la porte principale qui ouvrait sur la plage. On voyait sur les colonnes des gravures représentant le chemin de la croix, seuls ornements de ce temple dont la simplicité n'empêche pas les naturels de s'en enorgueillir.

L'évêque, suivi de tout le clergé, sortit de la sacristie et la cérémonie commença.

Au milieu du plus profond silence, les chantres entonnèrent les hymnes sacrés, et les jeunes filles, rangées par confréries, firent retentir les airs de leurs pieux cantiques.

Il y avait là des femmes, des enfants, des vieillards, des guerriers armés pour le combat et prêts à verser jusqu'à la dernière goutte de leur sang pour défendre leur foi; et, devant ces nouveaux chrétiens, nos marins debout, calmes et recueillis, s'inclinant avec eux pour rendre hommage à la divinité de cette religion bienfaisante qui sait créer des liens de fraternité entre des peuples si différents.

C'était un spectacle touchant pour nous, fils de la vieille Europe, habitués aux froides cérémonies de nos églises mondaines, de voir ces gens, chrétiens d'hier, chanter ainsi en masse les louanges du Seigneur.

Après l'office, la procession s'achemina vers les reposoirs ; une troupe de guerriers indigènes, le fusil sur l'épaule et en grand costume, ouvrait la marche. Leurs cheveux étaient relevés en frisons, une tapa jaune se drapait autour de leur corps de manière à laisser le bras droit découvert, et cette espèce de manteau, arrêté sur le dos par un gros nœud, était fixé autour de leurs reins par une cartouchière amplement garnie. Cette avant-garde devait défendre la procession d'une surprise des protestants leurs voisins, avec qui ils étaient en guerre.

Après les guerriers, venait la bannière de la sainte Vierge, portée par de jeunes filles qui chantaient des cantiques dans leur langue nationale en l'honneur de leur patronne. Elles étaient vêtues de camisoles et de longues tapas roulées autour d'elles. Des gens de tout âge et de tout sexe les suivaient ; puis arrivaient, avec une seconde bannière, des hommes chantant aussi des cantiques sur un rythme assez doux.

Enfin, entre deux haies de marins, s'avançait le saint-sacrement soutenu par Mgr d'Enos, précédé du clergé et des enfants de chœur. Nous marchions derrière le dais avec les chefs, et M. Boch, à la tête du dernier peloton de sa compagnie, fermait la marche du cortége que suivait le reste de la population.

Nous atteignîmes ainsi le premier reposoir où Monseigneur montant les degrés de l'autel de verdure, éleva sur nos têtes le signe rédempteur. Comme nous nous relevions, le commandement de feu ! se fit entendre, et le bruit d'une décharge générale de notre mousqueterie alla d'écho en écho apprendre aux habitants des baies voisines que leur prélat venait de faire descendre sur eux la bénédiction divine.

Toujours dans le même ordre, nous visitâmes l'un des deux autres petits temples improvisés, et à cinq heures nous quittâmes la chapelle pour nous rendre à la mission.

Pendant le dîner, il ne fut question que de la solennité à laquelle nous venions d'assister, et Monseigneur était tout heureux de nous voir si francs admirateurs de la piété de ses

Wallisiens. Il remercia le commandant du concours de ses marins dont la présence, lui dit-il, avait été d'un grand effet sur les indigènes, et nous engagea à dire, à notre retour en France, combien les habitants de ces îles diffèrent des peuplades sauvages qui les avoisinent.

A la nuit, nous conduisîmes jusqu'à la plage le commandant et les officiers qui retournaient à bord avec l'équipage, et après nos adieux à nos amis, nous rejoignîmes la mission où nous demandâmes nos lits avec empressement, car nous tombions de fatigue.

*Le camp de la mission.* — Le lendemain matin, M. Boch et moi nous nous levâmes de bonne heure pour visiter le camp indigène avant le déjeuner. Monseigneur était déjà occupé des soins de son administration et les pères vaquaient à leurs occupations ordinaires ; aussi ne vîmes-nous ni les uns ni les autres et, après avoir entendu la messe, nous essayâmes de satisfaire notre curiosité.

Les cases des naturels nous parurent peu dignes d'intérêt ; la plupart, basses et mal construites, n'ont pas même de muraille extérieure ; aussi le toit descend-il presque jusqu'à terre et on est obligé de ramper pour s'introduire dans l'intérieur. Quelques nattes, de petits chevalets en bois qui leur servent d'oreillers, des plats et des coupes à kava, sont en général, avec des chapelets de noix de coco pleins d'eau douce, les seuls meubles de ces pauvres habitations.

Nous en vîmes cependant qui avaient des marmites et des coffres renfermant sans doute leurs richesses ; mais c'était le bien petit nombre.

Intelligents, actifs et pleins d'obéissance envers les missionnaires, il est probable que, quand ces derniers auront réussi à doter l'île de cotonniers, ils apprendront rapidement, sous leur direction, à tisser des étoffes et à se faire des vêtements de forme européenne ; mais alors, nous les trouvâmes presque nus. Ils ne portaient qu'une tapa roulée en ceinture autour de leur corps.

Les femmes seules avaient des costumes aussi complets que ceux de la veille.

A notre approche, les indigènes se réunissaient autour de nous, sans nous importuner de leur curiosité, et les uns nous offraient du taco froid, d'autres des noix de coco.

Dans quelques cases, des jeunes gens nous montrèrent leurs

livres et, à notre prière, chantèrent des cantiques qui nous plurent infiniment par leur douceur.

Presque tous portaient des chapelets au cou ; ils ne nous abordaient qu'en disant : *Catholique ? catholique ?* et ils semblaient tout joyeux de nous entendre répéter ces mots avec eux.

Après nous être bien promenés dans le labyrinthe de ruelles qui séparent les cases et permettent, par leurs petites dimensions, de réunir une population assez considérable sur un terrain très-resserré, nous retournâmes à la mission.

On nous apprit que celui des pères qui s'occupe de médecine, venait d'être appelé près d'un malade qui donnait des craintes sérieuses. C'était M<sup>lle</sup> Perroton, qui avait abandonné sa famille et sa patrie pour venir apporter sa pierre à l'édifice de la propagation de la foi, en aidant les missionnaires dans leur œuvre de dévouement.

Directrice de l'école des jeunes naturelles, la sainte fille leur avait appris à faire ces camisoles qui mettaient leur pudeur à l'abri des regards indiscrets et, grâce à ses soins assidus, beaucoup d'entre elles savaient coudre assez proprement. Atteinte d'une éléphantiasis, cette pauvre martyre endurait d'atroces souffrances, et attendait sur son lit de douleur qu'il plût à Dieu de mettre un terme à ses maux. Notre docteur l'avait visitée la veille, et n'avait rien trouvé d'alarmant dans son état ; mais une crise survenue dans la nuit avait empiré son mal, et on désespérait de la pauvre demoiselle.

*Le camp protestant.* — Le village de Notre-Dame est situé à l'entrée d'une baie assez profonde qui le sépare d'un autre village habité par les protestants. A l'époque dont je parle, ce dernier servait de refuge à quelques catholiques qui soutenaient les prétentions d'un chef de la religion réformée à l'héritage du roi régnant. Tougaala le pilote, à la tête des habitants de Notre-Dame, combattait pour son neveu, fils du roi et catholique comme lui.

L'intention de Mgr Bataillon était de profiter de notre présence dans l'île pour amener les deux rivaux à faire la paix ; et, persuadé que la fête de la veille, dont les protestants avaient été témoins de chez eux, devait avoir agi fortement sur leur imagination, il résolut d'aller dans leur camp.

Il fut donc convenu que la baleinière le transporterait de l'autre côté de la baie, tandis que nous irions par terre le rejoindre, et aussitôt que nous eûmes déjeuné nous nous mîmes en route.

Comme nous passions la porte du camp, un des pères nous montra ce que les naturels appellent leur tambour de guerre. C'est une espèce d'auge en bois d'une assez grande dimension; en la frappant d'une certaine façon sur le côté, on lui fait rendre un son qui répond assez à celui d'un tambour; à chaque porte du camp il y a un instrument semblable, et à l'approche de l'ennemi, les hommes qui veillent la nuit sur les remparts donnent l'alarme aux guerriers à l'aide de cette caisse d'un nouveau modèle.

Tout autour du camp, à l'extérieur, est un fossé de 4 pieds de profondeur environ dont les terres relevées en talus forment un obstacle que les Wallisiens considèrent comme une fortification de premier ordre et qui ne saurait arrêter longtemps des Européens. Des bambous fixés en terre de distance en distance, servent de meurtrières; mais on comprend facilement combien ce genre de défense est imparfait, puisque le tireur ne peut qu'envoyer sa balle devant lui sans viser. Cependant il suffit pour arrêter les attaques de voisins à voisins, à moins qu'il n'y ait surprise.

Les pères nous conseillèrent de marcher bien en ligne, l'un derrière l'autre, afin d'éviter de tomber dans les pièges que tendent les indigènes; et, pour nous convaincre de l'importance de cet avis, ils firent découvrir un de ces pièges devant nous.

C'était un trou qui pouvait avoir 18 pouces de diamètre et 3 pieds de profondeur, hérissé de dards en bois de fer, aigus comme des lames de poignard.

Malheur au téméraire qui s'écarte du sentier que les gens du camp connaissent seuls bien, car une chute dans un piège semblable est terrible, et celui qui y tombe n'échappe à la mort, s'il n'est secouru, que pour souffrir longtemps de blessures affreuses. Rien n'égale l'habileté avec laquelle ces espèces de trappes sont recouvertes, et il est si difficile de les reconnaître, qu'il n'est pas rare de voir ceux mêmes qui les ont faites ne plus les retrouver. On les place généralement au détour d'un sentier ou bien à quelques pouces seulement à droite ou à gauche.

Grâce à nos guides, nous arrivâmes sans encombre au camp ennemi dont personne ne nous défendit l'entrée.

Après avoir franchi un chemin couvert, espèce de jetée sur

laquelle on ne peut passer qu'un à un, nous pénétrâmes dans l'enceinte, où nous fûmes tout surpris de voir deux vieilles caronades montées sur des affûts.

Quelques enfants qui nous aperçurent nous firent signe d'avancer et nous conduisirent dans une grande case où des femmes étaient assises et causaient entre elles avec beaucoup de volubilité; elles paraissaient fort agitées et pleuraient en poussant des cris.

Une étrange animation régnait partout : aussi un des pères qui nous accompagnaient s'informa-t-il en wallisien de la cause de tout ce tumulte. Il apprit que Monseigneur venait d'arriver à une portée de fusil du camp, et qu'il avait envoyé un exprès engager le chef des combattants à aller le trouver, pour conférer de la paix avec lui.

De là cette inquiétude parmi les guerriers et ce bruit parmi les femmes. Cependant le conseil ayant décidé qu'on ne pouvait se refuser à écouter picopo, le chef se préparait à aller à sa rencontre, et nous le vîmes faire sa toilette en conséquence. On lui teignit le corps en jaune et on l'enduisit d'huile; puis, lorsqu'il fut bien ruisselant, on s'occupa de sa chevelure dans laquelle on versa encore de l'huile, mais mélangée cette fois avec de la poussière de sandal, et après lui avoir jeté sur les épaules une tapa jaune marquetée de rouge, on le conduisit vers l'évêque, malgré les cris de sa femme qui voulait à toute force le retenir.

A ses côtés marchaient des vieillards qui avaient l'air de lui donner des conseils; derrière, s'avançaient de jeunes guerriers, la main droite sur la crosse de leur fusil qu'ils appuyaient sur leur bras gauche; puis nous arrivions, suivis nous-mêmes d'une foule assez nombreuse.

Au détour d'un sentier, nous aperçûmes Monseigneur tranquillement assis sur un tronc d'arbre et déjà entouré d'une nuée de naturels; c'étaient les catholiques qui, en apprenant son arrivée près du camp, étaient venus lui demander sa bénédiction. Suivant l'usage du pays, le chef s'assit à quelques pas de l'évêque, dans un morne silence, et la conversation commença brusquement sans le moindre préambule, mais d'une voix calme et sur le ton d'une causerie amicale. M. Boch, qui avait un caractère officiel, était revêtu de son uniforme; il s'approcha de Monseigneur, et nous comprîmes aux gestes des interlocuteurs qu'il était souvent en jeu, sans doute comme représentant des forces des blancs.

Les pères et moi étions assis à quelque distance du groupe principal, de façon à ne rien perdre de la scène qui allait se passer.

Le chef indigène avait l'air de se défendre, mais picopo ne semblait pas disposé à céder, et pendant un instant nous crûmes que la conférence n'aboutirait à rien.

A voir cette assemblée siégeant en plein air, ce prélat à l'aspect imposant assis sur un tronc d'arbre, d'où il dominait tous les assistants couchés, l'oreille attentive autour de lui, on eut dit un patriarche des anciens âges instruisant ses disciples.

Enfin le chef ordonna de tout disposer pour un kava, et lorsque la liqueur fut prête, il en fit porter une tasse à Monseigneur par un de ses officiers.

A ce signal, qui sans doute annonçait que la paix était conclue, des cris de joie retentirent de toutes parts, et les jeunes guerriers se mirent à décharger leurs fusils en l'air.

Nous avions une longue route à faire ; Monseigneur donna le signal du départ et nous descendîmes la colline pour atteindre la plage et faire disposer l'embarcation.

La baleinière était à flot, nous nous fîmes porter dedans, et quatre matelots allèrent prendre Monseigneur autour duquel se pressait une multitude de naturels pieusement agenouillés.

Le tour du chef arriva : ainsi qu'il en était convenu, il nous suivait chez son ennemi pour traiter de la paix, en compagnie de trois autres indigènes.

Mgr Bataillon avait avec lui deux habitants du camp de la mission ; nous étions, en le comptant, huit Français, ce qui faisait un total de quatorze personnes. Le trajet que nous avions à parcourir était long et l'on ne pouvait prendre plus de passagers. Cependant des femmes, des enfants, voulaient suivre leurs maris et leurs pères et montaient malgré nous dans l'embarcation où nous ne pouvions plus bouger, tellement nous étions nombreux.

On engagea le chef à repousser tous ceux dont la présence n'était pas indispensable, et celui-ci commanda : mais prières, menaces, rien ne fit, et il fallut se résoudre à jeter à la mer tous ces entêtés.

Nous étions échoués. Les baleiniers, dans l'eau jusqu'à la ceinture, se tenaient prêts à pousser ; nous débarquâmes pardessus le bord notre contrebande qui s'arrêta pour pleurer, et nous nous éloignâmes de toute la vitesse des jambes de nos hommes jusqu'au bout du récif. Là ils montèrent dans le canot et nous fîmes route sur la baie où l'*Alcmène* était mouillée.

Avant de tourner la pointe qui allait nous masquer le lieu de notre embarquement, on fit lève-rames, et nous jetâmes un coup d'œil sur la terre. Echelonnés comme sur les gradins d'un amphithéâtre, les naturels suivaient avec anxiété tous nos mouvements ; les femmes faisaient entendre les gémissements d'usage, et de vieilles mères agitaient leurs tapas en signe d'adieu ; le chef se leva droit sur le banc de derrière, et de même que si les siens pouvaient l'entendre, il jeta au vent quelques paroles inintelligibles pour nous et pour eux, puis il fit un signe et se rassit. La foule se releva en poussant des cris, les jeunes gens tirèrent des coups de fusil et nous les vîmes tous s'éloigner.

La baleinière reprit sa route et le soir nous arrivâmes à la mission, d'où, après y avoir déposé Monseigneur et ses compagnons, nous gagnâmes le bord.

Le lendemain, 4 juin, nous appareillions. Trois fois la corvette, trop lente dans ses évolutions que de folles brises contrariaient, manqua son abatage, et force nous fut de remouiller nos ancres ; mais, cédant à la volonté de son commandant, elle se décida enfin à partir et, l'arrière pour ainsi dire assis sur une ligne de récifs, nous orientâmes pour sortir de la passe. C'était une vieille connaissance ; aussi, malgré ses dangers, l'*Alcmène* se trouva-t-elle bientôt en dehors sans aucun accident.

*Foutouna.* — Le 5, à trois heures de l'après-midi, nous mettions en panne devant Foutouna.

Nous avions repris aux Wallis les pères Desest et Sage, qui allaient se fixer dans cette île ; on mit deux embarcations à la mer pour les transporter à la mission, et un élève, M. Quillebœuf, en eut le commandement. La petite expédition avait ordre d'être de retour avant la nuit, ce qui obligeait à ne pas perdre de temps ; cependant le docteur descendit. Certes on ne pouvait espérer rien voir de curieux dans cette course rapide ; mais comme nous tous il éprouvait le désir de ne quitter que le plus tard possible les bons pères qui s'étaient acquis notre amitié, et ce motif le décida à les accompagner.

Tandis que nos canots couraient sur la terre, une pirogue s'en détacha et mit le cap sur nous ; elle accosta dans un moment où nous nous rapprochions de la côte, et un indigène monta à bord.

Il s'annonça comme le roi de Foutouna et, après qu'il eut salué le commandant, nous le priâmes de descendre au carré. Il se rendit à notre invitation, et à peine assis, il nous demanda un morceau de biscuit qu'il mangea vite et trouva fort bon. Pressé de questions, il nous apprit qu'il avait été autrefois enlevé par un baleinier américain, qu'il avait visité Sydney, Hobart-Town et la Nouvelle-Zélande, et que c'était grâce à ces voyages qu'il parlait l'anglais.

Nous lui demandâmes s'il regrettait cette vie ; il nous répondit que non, mais qu'il était heureux d'avoir vu autant de choses curieuses pour lui, parce qu'il employait son expérience à faire le bien de ses sujets.

Il avait rapporté avec lui des outils qui leur rendaient la culture plus facile et il leur avait appris à se procurer, au moyen de leurs patates et de leurs cochons, des objets d'Europe qui leur étaient d'une grande utilité. Aussi, nous disait-il, personne ne se plaint de moi et je suis fort heureux.

Nous lui parlâmes des pères ; il nous dit qu'il les vénérait beaucoup, car ils apprenaient aux siens à s'aimer. Depuis que nous les croyons, ajouta-t-il, nous ne nous faisons plus la guerre et nous pourrons désormais voir grandir nos enfants.

Il nous apprit que Mgr d'Amata avait quitté la Nouvelle-Calédonie pour se réfugier à l'île des Pins. Vous pouvez me croire, nous dit-il, car je le tiens du père Rougeron, qui est venu il y a quelques jours dans mon île sur une goëlette pleine de jeunes Calédoniens pour me demander si je voulais leur permettre de vivre chez moi. J'ai assemblé mon conseil et nous sommes allés ensuite trouver le père en lui disant : « La « terre qui ne nous sert pas est à Dieu ; puisque ceux que tu « nous amènes n'en ont pas et qu'ils sont comme nous ses « enfants, ils peuvent venir l'occuper ; elle leur fournira ce « qui leur est nécessaire pour vivre ; et s'ils ne sont pas assez « forts pour la cultiver, nous les aiderons et, plus tard, à leur « tour, ils aideront nos enfants. »

Nous admirions en silence cet homme qui nous parlait ainsi dans toute la franchise de son âme ; nous pensions que, sauvage d'abord, puis victime de la fourberie d'un blanc, mêlé pendant longtemps à des gens grossiers et peut-être immoraux comme leur chef, il était beau de le voir oublier les mauvais traitements qu'il avait subis et ne se rappeler que la reconnaissance que lui inspiraient ceux qui voulaient le bonheur de son peuple.

Mais aussi Foutouna est l'île des miracles. Il y a dix ans à peine, un pieux missionnaire, le père Pierre Chanel, abordait sur cette plage alors inhospitalière, et, peu de temps après, les habitants massacraient le saint homme en lui portant sur la tête un coup d'une herminette, qu'à la prière du martyr, le père Petit, son compagnon de dévouement, avait donné au roi de l'île ; ils arrachaient cruellement la vie à celui venu de si loin pour leur donner le bonheur éternel. Les cieux ne se voilèrent pas, la nature entière ne prit pas le deuil de cette victime de la charité ; mais Dieu exauça sans doute les derniers vœux du martyr, car ses meurtriers, naguère animés d'une rage sans égale, s'arrêtèrent tout à coup, l'œil morne, l'âme inquiète, regardant, sans oser l'approcher, celui qu'ils venaient de massacrer.

On devait fêter une grande victoire sur le corps de cet ennemi mort, et on lui rendit les honneurs dus à un grand chef.

On devait chanter avec allégresse les coups qui avaient terrassé l'homme blanc, et on pleura sa mort dans des chants empreints de douleur.

Depuis ce jour, il n'y eut de repos pour ce pauvre peuple que lorsque Mgr Bataillon, cédant à ses instances, lui donna un nouveau missionnaire. Cette fois, ils l'écoutèrent avec ferveur et bientôt il lui fallut un aide, car son troupeau allait toujours croissant. Enfin l'île entière courba la tête sous les eaux régénératrices du baptême. « Jamais, nous avait dit « un missionnaire d'Uvéa qui était resté quelque temps à Foutouna, je n'avais imaginé des êtres humains aussi bons chrétiens que ces insulaires, et je doute qu'il y ait en Europe un « prêtre aussi heureux que celui qui dirige cette petite paroisse. »

C'est à Foutouna que la mission envoie les jeunes pères nouvellement arrivés, pour les façonner à la vie indigène, et surtout leur faciliter l'étude de la langue. Il est probable que c'est de là que partiront plus tard les catéchistes qui devront répandre la parole sacrée dans toute l'Océanie.

Le roi nous quitta ; nous lui serrâmes affectueusement la main, et il trouva dans sa pirogue quelques objets que nous avions pensé lui être agréables.

Les canots revinrent à la nuit et confirmèrent la nouvelle que Sa Majesté nous avait donnée, du départ de Mgr d'Amata de la Nouvelle-Calédonie. Aussi fut-il décidé que nous ferions route pour l'île des Pins, sa nouvelle résidence.

NOUVELLES-HÉBRIDES.

Après avoir longé les îles Fitji, nous avions devant nous, le 12 juin, Erronan, qui ressemble à un rocher escarpé et n'a point de plage. Le lendemain, nous nous trouvions dans un triangle formé par cette île, Tanna et Anatom qui font partie des Nouvelles-Hébrides.

Trop éloignés de Tanna et d'Anatom pour en étudier l'aspect en détail, nous nous consolions en pensant que nous mouillerions à Anatom, où la mission française avait eu autrefois un établissement; mais le commandant se décida à y envoyer seulement une embarcation armée en guerre pour recueillir des renseignements sur les causes du départ de nos missionnaires.

M. de Saint-Phalle qui commandait l'expédition revint sans avoir rien appris relativement aux pères et il nous dit que les indigènes lui avaient donné à entendre qu'il y avait, de l'autre côté de l'île, des résidents anglais.

Nous restâmes jusqu'au jour dans ces parages et nous pûmes jouir du magnifique spectacle des irruptions volcaniques de Tanna. Au milieu d'une obscurité profonde, on voyait se dessiner des gerbes de feu dont l'éclat réverbéré par la mer produisait un effet magique.

Les laves que lance ce cratère sont tellement abondantes qu'on en trouve sur les plages de toutes les îles environnantes et jusqu'à l'île des Pins.

Le naturaliste Fouter qui a visité Tanna lors de l'expédition de Cook, dit que les indigènes ne voulurent jamais lui permettre de s'avancer sur le bord du volcan et qu'ils s'imaginaient qu'il servait de résidence aux esprits de l'île.

Le 14, le commandant impatient d'avoir des nouvelles de la mission qui lui permissent de poursuivre sa route voulut descendre lui-même, et il partit avec le docteur dans la baleinière.

Voici ce que nous dit M. Proust le soir à son retour :

« Il y a sur un îlot détaché une maison qu'habite un char-
« pentier anglais attaché au service de M. Paden, trafiquant de
« bois de sandal; c'est là que sur les indications des indigènes
« nous avons abordé. Le maître de la maison étant absent,
« sa femme nous en a fait les honneurs. Nous avons appris
« que les pères ont quitté l'île pour se retirer à l'île des
« Pins.

« Le port d'Anatom est petit et offre parfois des dangers,
« car nous y avons vu la coque d'un navire récemment jeté à
« la côte.

« Le climat est malsain et de nombreux marais occasionnent
« des fièvres intermittentes qui ont dû être une des causes du
« départ de nos missionnaires.

« Anatom est habitée par plusieurs tribus anthropophages
« dont quelques-unes sont l'effroi du reste de la population. »

« Les hommes portent pour tout vêtement une feuille qui
« masque, à peine, leur nudité. Leurs cheveux sont partagés
« en petites mèches de la grosseur d'une paille, soigneusement
« enveloppées dans une fine écorce de bourao, ce qui leur
« donne beaucoup de rapports avec des porcs-épic.

« Les femmes ont un jupon, fait de feuilles de pandanus,
« qui ne passe pas le genou et laisse à découvert tout le reste
« du corps. Leurs cheveux ne sont l'objet d'aucun soin.

« Tous ces gens sont de race noire et n'ont rien de cette
« grâce que nous avons trouvée chez les Wallisiens, les Tahi-
« tiens et leurs voisins des Marquises. »

La corvette louvoya toute la nuit pour passer au vent d'Anatom ; mais, contrariés par des courants très-violents, nous ne
pûmes y parvenir. Au jour, on laissa porter, et nous nous dirigeâmes grand largue vers l'île des Pins.

*L'île des Pins.* — Le 17 nous arrivions en vue de cette nouvelle île et nous apercevions au loin sur l'horizon l'ombre des
pins gigantesques qui lui ont valu son nom.

Ignorant où pouvait être le mouillage, on mit en panne.
M. de Saint-Phalle partit avec le canot major et la baleinière
sous les ordres du deuxième maître Perrod, pour obtenir des
naturels quelque renseignement à ce sujet. Ces embarcations
armées en guerre n'avaient rien à craindre d'une attaque ; aussi
devaient-elles suivre la côte et ne revenir qu'après avoir accompli leur mission. Longtemps nos regards purent les suivre ;
nous les vîmes s'engager dans les récifs, explorant tout ce qui
avait l'apparence d'une crique ; puis, à la nuit, elles disparurent
derrière une pointe, et nous les attendîmes en louvoyant.

Au jour, Perrod rentra seul ; il n'avait rencontré que des
indigènes qu'il n'avait pû comprendre. Vers dix heures, M. de
Saint-Phalle arriva à son tour, ramenant Mgr d'Amata lui-
même et le père Chapuis, un de ses missionnaires. Le bon

évêque avait avec lui un matelot anglais résidant dans l'île, qui nous promit de nous entrer le lendemain.

Plusieurs d'entre nous avaient connu Mgr Douare qui, malgré sa vie nomade, ne nous avait pas oubliés; il vint le premier au-devant de nous et daigna nous rappeler les circonstances où il nous avait vus, et sa présence fut une vra'e fête pour tous.

Il nous dit qu'ayant appris par les naturels que des hommes armés de longs couteaux (sabres) étaient descendus d'un grand navire sur l'île, il avait deviné l'arrivée d'un bâtiment de guerre et s'était empressé de traverser l'île pour s'en assurer.

Le 19 au soir, Monseigneur espérant nous voir arriver au mouillage le lendemain, nous quitta, ainsi que le père Chapuis, pour aller faire les préparatifs de la réception qu'ils nous ménageaient.

Cependant, ce ne fut que le 22 au matin que nous pûmes jeter l'ancre à peu de distance d'un banc de corail, qui forme la ceinture d'un petit îlot, que nos marins par prévision de l'avenir appelèrent l'île de l'Alcmène.

Au Nord, le mamelon aride qui domine tout le pays, et les pins colonnaires dont la teinte sombre jette comme un voile de deuil sur les collines qu'ils couvrent, donnent à l'île l'aspect d'un cimetière. Mais, de notre mouillage, elle nous apparut sous un jour plus favorable, et ce fut à qui irait le premier fouler un sol qui semblait partout recouvert de frais ombrages.

Le commandant consentit à ce qu'il ne restât que l'officier de service à bord, et bientôt nous descendîmes tous.

Mgr d'Amata nous attendait sur la plage avec les pères Chapuis, Vigouroux et Goujon pour nous conduire à la mission.

Le chemin par lequel ils nous y menèrent, fait à la sueur du front de ces bons pères, serpentait sous des buissons couverts de fleurs qui formaient çà et là des berceaux pleins de grâce. Je me rappelle fort bien que mes amis crièrent à la barbarie, quand je comparai ces bosquets à de délicieux décors du Grand-Opéra; mais dût la nature se fâcher de n'être que la copie de quelque savant décorateur, je dois avouer qu'en étudiant mes souvenirs c'est encore l'impression qui me reste.

En sortant de ce charmant sentier, nous débouchâmes sur une plaine qui, s'étendant jusqu'au pied des montagnes, fait le tour de l'île.

Sur une petite éminence, nous reconnûmes la mission à la

croix qui surmontait le faîte. Nous y arrivâmes bientôt, et ce fut alors au tour des frères à nous exprimer tout le plaisir que leur faisait cette visite de leurs compatriotes.

Je ne saurais mieux peindre l'effet que produisit sur nous la réception que nous reçûmes de la mission, en général, qu'en disant que, lorsqu'il nous fallut partir le 24, nous regrettâmes tous de ne pas pouvoir jouir plus longtemps d'une hospitalité aussi cordiale.

Mgr d'Amata a reçu du roi Louis-Philippe la croix de la Légion d'honneur pour sa belle conduite lors du naufrage de la corvette la *Seine* en Nouvelle-Calédonie ; et certes, jamais récompense ne fut mieux méritée. C'est un de ces hommes qu'il suffit de voir pour aimer. Entouré de l'affection de ses prêtres, certain de leur dévouement, il attend à l'île des Pins le moment favorable pour retourner avec eux à Balade que, deux fois, les sauvages l'ont forcé d'abandonner.

Quoique l'évêque n'ait pas permis qu'on baptisât encore un seul enfant, on peut dire que la présence des pères dans l'île a apporté de grands changements, et elle semble avoir mis un terme aux guerres avec la Nouvelle-Calédonie d'où les habitants tiraient de sanglants trophées.

Mais, puisque nous devons revenir à l'île des Pins, je remets à cette nouvelle époque les détails que j'ai pu recueillir et que je dois, surtout, à la bienveillance du père Goujon.

### SYDNEY.

Il n'y a guère que trois cents lieues de l'île des Pins à Port-Jakson ; néanmoins il nous fallut seize jours pour franchir cette distance, et cependant, pour me servir de l'expression pittoresque de nos matelots, *nous torchions de la toile, fallait voir*. C'est qu'aussi on n'avait pas établi les perroquets qu'il nous tombait du ciel une brise carabinée et nous avions bientôt les huniers au bas ris.

C'est surtout aux environs de Middleton que les vents semblèrent s'acharner après nous. Le commandant voulait reconnaître l'écueil de ce nom, qui est porté douteux sur la carte ; mais, avec une mer déchaînée et des grains incessants, cette tâche n'était pas possible ; aussi, après avoir louvoyé tout un jour dans ces parages, il renonça à son projet et nous continuâmes notre route.

Tout le monde à bord sentait le besoin de gagner promptement une relâche; aussi bataillait-on contre les variations si fréquentes de la brise.

La corvette tourmentée par la mer faisait de l'eau par les hauts, nos voiles s'en allaient en pièces; plusieurs de nos caisses à eau coulaient; nos hamacs et nos toiles de bastingage étaient en si mauvais état, que beaucoup d'hommes couchaient par terre; enfin nos manœuvres de rechange étaient épuisées et nous n'avions que fort peu de vivres.

Étonnant au premier abord, le mauvais état de notre bâtiment s'expliquait par son séjour prolongé à Tahiti et à Nouhiva.

Partie de France pour aller prendre la station des Marquises, l'*Alcmène* qui venait d'être radoubée avait dû se contenter d'un matériel ayant déjà fait campagne et bien suffisant pour la conduire à sa destination.

Envoyée à Tahiti et de là aux Marquises où elle resta oubliée pendant huit mois, s'attendant à en partir tous les jours, elle avait vu son gréement et son cuivre s'user sous l'influence pernicieuse des eaux et de la température; si bien, qu'au mois de janvier 1850, l'inspecteur général, tout en rendant justice à l'habileté de l'équipage, n'avait pu s'empêcher de déplorer l'état de délabrement du matériel que l'indécision du Gouvernement, à propos de Nouhiva, n'avait pas permis d'utiliser.

Le nouveau gouverneur, M. Bonard, en nous envoyant au loin, n'ignorait pas que nous manquions de beaucoup de choses; mais l'impérieuse nécessité qui le contraignait à faire partir l'*Alcmène* au moment où les sages prévisions du ministère la rappelait en France lui imposait encore l'obligation de ne pas épuiser les magasins de la colonie en faisant droit à nos demandes.

Le 7 juillet, à la nuit, nous reconnûmes les côtes de la Nouvelle-Hollande, à quelques milles de Port-Jakson, et peu d'instants après le pilote vint à bord. Le lendemain au jour nous fîmes route pour l'entrée.

Défendu par des côtes nues et froides, le pays que nous avions sous les yeux a un cachet de sauvagerie en harmonie avec l'idée que nous nous étions faite du principal dépôt du rebut de la population anglaise.

Toujours agitée, la mer roule sans relâche, au pied de ces hautes murailles, à la teinte sombre, des lames gigantesques qui, arrêtées d'abord, s'élancent en bonds impétueux contre ces roches inébranlables, et ne retombent épuisées que pour faire place à de nouvelles lames tout aussi impuissantes.

En passant au pied du phare, placé au S. de l'entrée, le bruit de cette lutte terrible arriva jusqu'à nous, mêlé au sifflement du vent, puis, ce vacarme diminua peu à peu et nous nous trouvâmes bientôt dans une première baie.

De l'entrée au mouillage, la rivière forme une espèce de chenal de 7 à 8 milles de long, dans lequel la corvette s'engagea après avoir passé un feu flottant placé entre les deux bords

Trompés par les peintures trop partiales de quelques navigateurs, dont nous avions lu les voyages, nous comptions sur cette navigation dans les terres pour nous remettre de l'impression produite sur nous par la vue des côtes. Mais, hélas! il y a bien loin de ces arbres aux feuilles d'un vert foncé à la riche végétation qu'on nous avait promise.

Quelques rares maisons de campagne, aux fenêtres fermées, et comme abandonnées dans ces bois monotones, venaient encore augmenter la tristesse du tableau ; aussi, quand, enfin, l'ancre tomba près des navires de guerre entre le fort Maquarie et un petit îlot, nous étions loin d'imaginer qu'il fût possible de se plaire dans un pays pareil.

Quoiqu'il ne fût que sept heures du matin, le commandant envoya M. d'Ehrensvard, qui se trouvait de corvée, chez le gouverneur pour lui présenter ses respects et traiter du salut.

De son côté, notre cuisinier partit en double pour faire des provisions.

La frégate la *Havana* et la corvette la *Fly* nous envoyèrent, suivant l'usage, des embarcations offrir leurs services.

Le capitaine du port vint prendre les renseignements ordinaires, et à huit heures nous saluâmes la ville de **21** coups de canon qui nous furent rendus coup pour coup par les batteries de terre.

Les affaires sérieuses ainsi terminées, nous songeâmes à maître Pitard, notre cuisinier, et de graves discussions s'engagèrent à propos du menu du déjeuner. Chacun cajolait le chef de gamelle pour obtenir le plat qu'il préférait, quand par la claire-voie du pont, l'officier de quart nous cria un nom qui mit fin à nos discussions gastronomiques.

C'était M. Audenet qui, arrivé depuis quelques jours, accourait nous serrer la main. Ce fut à qui le féliciterait de sa bonne visite, et nous l'engageâmes à partager notre repas, espérant lui offrir une série d'excellentes choses que nous avions votées. Mais nos beaux rêves s'évanouirent, quand notre ami nous apprit que nous avions eu le tort d'arriver un dimanche et que ce jour-là tous les magasins étaient fermés; effectivement nous vîmes bientôt revenir Pitard sans la moindre provision. Nous eûmes recours à nos conserves, et malgré ce contre-temps nous déjeunâmes très-confortablement. Aussi, lorsque, notre repas achevé, nous montâmes sur le pont, la rade nous apparut sous des couleurs plus riantes.

Le soleil s'était levé, et devant lui les brouillards avaient fui. Les quartiers élevés de la ville, que nous apercevions seuls, nous montraient leurs jolies maisons; le bruit des cloches vibrant dans l'air arrivait jusqu'à nous; de petits bateaux à vapeur passant à nous toucher portaient d'un bord à l'autre des familles entières, et ces maisons, ces cloches, cette population vêtue à l'européenne, en nous rappelant notre pays disposèrent nos âmes à la joie.

Cependant, malgré nos bonnes dispositions, nous ne pûmes nous empêcher de sourire de l'architecture prétentieuse du fort Maquarie.

A voir cette citadelle, qui semble vouloir défendre Sydney, avec ses tourelles et ses machicoulis antiques, avec des proportions enfantines, on ne croirait jamais qu'elle est l'œuvre d'hommes sérieux comme les Anglais. A vrai dire, ce fort en miniature n'est bon qu'à rendre les saluts. Ce petit monument est construit dans ce style bâtard que nos voisins d'outre-mer appellent le style Elisabeth.

Un peu plus loin, il y a encore le palais du gouverneur, dont les murailles sont écrasées sous cette ornementation de mauvais goût; ce qui ne l'empêche pas d'être orgueilleusement placé sur une éminence qui domine la rade, comme s'il voulait rappeler les temples de la Grèce qui frappent les regards de tous côtés.

Mais il y a à Sydney tant de choses remarquables qu'il faut être mouillé, ainsi que nous l'étions, côte à côte avec ces deux édifices, pour s'arrêter à les examiner.

Dans le port marchand, il y avait bien une centaine de navires d'un fort tonnage; mais, à notre grand reg.et, sur aucun ne flottait le pavillon français.

Sydney est une ville nouvelle qui ne ressemble en rien à nos villes de France : les maisons y sont basses, espacées et leur aspect n'a pas ce cachet de solidité de nos constructions en pierres.

Il n'y a, par le fait, que trois rues qui soient complétement belles et dans lesquelles on puisse se promener : ce sont : Pitt-street, Georges-street et Queen-street. Quant aux autres, quoique bien percées, elles manquent de magasins dont les devantures arrêtent les passants.

Les édifices publics sont peu nombreux ; le théâtre n'est pas en harmonie avec l'importance de la ville ; le jardin public, situé au bord de la mer, est le seul lieu où se réunisse la bonne compagnie les dimanches et les mercredis pour y entendre d'excellente musique. C'est une délicieuse promenade disposée avec beaucoup de goût.

Les casernes sont réunies dans un des faubourgs de la ville, qui semble appelé à un brillant avenir : Wonololoo. L'établissement militaire a la forme d'un quadrilatère et est situé sur une hauteur. Les logements sont adossés au mur d'enceinte et officiers et soldats, tout le monde y a sa place. On compte à peine dans Sydney deux postes de 25 hommes.

Les constables sont seuls chargés de la police, et on ne se douterait pas, à voir leur petit nombre, que la ville est en partie peuplée d'anciens criminels. C'est un des faits qui nous a le plus frappés, et je crois qu'il faut en chercher l'explication dans le respect des Anglais pour la loi. Je doute que lorsque la France songera à créer une colonie pénale, il lui soit possible d'avoir aussi bon marché de ses déportés.

Les convicts qui sont encore entre les mains de l'État sont enfermés, et ils travaillent à la construction d'un bassin flottant; on n'en rencontre jamais dans les rues.

Si les arts sont en souffrance à Sydney, il n'en est pas de même du commerce et de l'industrie. La capitale de l'Australie a ses fonderies, ses filatures, ses fabriques de draps et ses autres établissements comme les grandes villes manufacturières, et de plus elle possède de nombreux chantiers de construction comme un grand port de mer.

Au nombre des établissements utiles, il faut compter les écoles gratuites qui sont très-répandues et les banques qui sont d'un secours immense pour les transactions avec la mère patrie.

En 1850, le commerce des laines et celui des graisses étaient les principales branches d'exportation, et les commandes de l'Angleterre faisaient l'objet des préoccupations de tous. Nous avons bu d'excellent vin provenant des propriétés de M. Mac Arthur, et, si son exemple est suivi, cette industrie est appelée à de grands succès.

Les environs de Sydney sont assez attrayants, et, sur les bords de la rivière qui mène à Paramata, on rencontre fréquemment de fort jolies résidences. A l'endroit où primitivement les Anglais essayèrent de se fixer, à Botany-Bay, il n'y a que deux hôtels subventionnés du gouvernement, et un monument élevé à la mémoire de La Pérouse, ainsi que le tombeau de M. Lereceveur, aumônier de l'expédition de d'Entrecasteaux.

La vie qu'on mène à Sydney est des plus agréables. La société y est nombreuse et on y est reçu avec bienveillance. Pendant les deux mois que nous y avons passés, nous n'avons jamais manqué d'invitations.

Le gouverneur, sir Fitz-James, les officiers du 11ᵉ, Mᵐᵉ Barker et le maire ont tour à tour donné des fêtes aussi brillantes que celles des plus belles villes d'Europe, et je ne réussirais jamais à énumérer tous les autres bals auxquels nous avons pu assister.

M. Faramont notre consul, MM. Proton, Breutler, Jouber et Butavel, nos compatriotes, ont, eux aussi, réuni leurs efforts pour nous être agréables, et nous gardons bon souvenir des moments que nous avons passés dans leur intimité.

Il y avait alors sur la rade la corvette la *Fly*, dont l'état-major s'était lié avec nous, et nous eûmes souvent le plaisir d'avoir ces bons amis et plusieurs officiers du 11ᵉ à notre table.

En somme, quand il nous fallut partir, nous regrettâmes tous cette nécessité. Je sais aussi de charmantes dames qui auraient désiré nous voir rester; mais, sans pitié pour leurs beaux yeux, le commandant ordonna le départ.

Aussitôt les réparations terminées, nous mîmes à la voile le 13 septembre.

Pendant deux jours, nous croisâmes devant l'entrée pour attendre les signaux qui devaient nous apprendre la prise de trois déserteurs, et le 15 nous mîmes définitivement le cap sur la Nouvelle-Calédonie.

### L'ILE DES PINS.

#### (*Kounié.*)

Après avoir vainement cherché à reconnaître l'île Middleton, dans les parages de laquelle nous fûmes surpris de rencontrer encore une très-grosse mer et un vent des plus violents, nous arrivâmes en vue de l'île des Pins.

Cette fois, nous n'eûmes pas besoin d'attendre le pilote, et, grâce à ses premières observations, notre commandant conduisit, lui-même, la corvette à son ancien mouillage de la baie de l'Assomption (Uvéo) le 25 septembre, juste dix jours après notre départ définitif de la Nouvelle-Hollande.

Mgr d'Amata était toujours au milieu de ses pères; nous fûmes reçus, comme la première fois, avec la plus affectueuse cordialité. En vain, nous essayâmes de refuser l'hospitalité qu'il voulut nous donner ; le veau gras était tué, il fallut le manger.

Pendant trois jours, je puis dire que nous habitâmes à la mission. Monseigneur avait toujours quelques bonnes raisons à nous donner pour nous faire partager sa table. D'abord, il ne voulut pas nous avouer qu'il sût que nous devions revenir; mais quand vint le tour d'une certaine plate-bande de choux, qu'il nous dit avoir conservée pour nous, il fallut bien qu'il confessât qu'il nous attendait.

Jusque-là nous avions cru que notre campagne se bornerait à transporter les pères à Balade; après ces trois jours de plaisir, nous apprîmes la véritable mission de la corvette.

Le 28, le commandant nous réunit chez lui, et nous annonça que nous allions explorer la Nouvelle-Calédonie. « Je « vous donne jusqu'au 30, nous dit-il, pour vous reposer et « vous préparer à la tâche que j'ai destinée à chacun de vous; « le lieutenant vous communiquera les dispositions que j'ai « prises à cet égard. Le travail que nous allons faire est plein « d'intérêt, et en vous faisant tous contribuer à l'œuvre qui « m'est confiée, j'ai pensé vous être agréable, et j'ai compté « sur votre zèle. »

M. Texereau nous présenta le cahier d'ordres. Les travaux étaient de deux espèces : il y avait ceux de l'intérieur et ceux de l'extérieur.

A l'intérieur, le lieutenant avait la direction du personnel, qui allait embrasser de grands mouvements de canots et de corvées de toutes espèces. MM. Boch et d'Ehrensvard, ainsi que deux élèves, MM. Amet et Quillebœuf, demeuraient à bord pour le seconder et commander alternativement les exercices réglementaires.

A l'extérieur, MM. Pouthier et Devarenne étaient chargés de l'hydrographie, à laquelle M. de Saint-Phalle était également attaché. M. Proust devait s'occuper de l'étude du climat; pour moi, ma tâche consistait à examiner le pays au point de vue de ses ressources présentes et de celles qu'il pourrait fournir sous une direction européenne.

Ainsi, comme nous l'avait dit notre chef, chacun avait son rôle dans l'accomplissement de cette œuvre, dont, peut-être, nous nous exagérions l'importance, mais qui, dans tous les cas, ne pouvait manquer d'être intéressante.

Dès le 1er août, tout le monde sembla démangé d'un besoin d'activité inimaginable.

Au jour, les canots débordaient de la corvette ; les uns pour aller porter des signaux, les autres pour faire du bois et de l'eau. MM. Pouthier et Devarenne sillonnaient la baie dans tous les sens pour déterminer les bancs de corail et la position de chaque îlot. Parmi ceux-ci, le premier dont on s'occupa fut celui qui se trouvait auprès de la corvette, et que nos marins avaient baptisé du nom de l'*Alcmène*, lors de notre premier mouillage.

Placée à 1,000 mètres de nous, cette petite terre, d'environ 2 milles de circonférence, défendue comme ses sœurs par une ceinture de récifs, était couverte de pins assez élevés ; on y établit un chantier où nos ouvriers préparèrent des espars pour les signaux et des planches pour le bord. De son côté, M. de Saint-Phalle choisit le même point pour placer son échelle des marées, et dès lors nos droits à la possession de ce nouveau monde ne purent être mis en doute.

Il est vrai de dire que notre conquête nous coûta peu de peine. Le premier jour, nous trouvâmes, au beau milieu du bois, une case ou plutôt un abri de feuillage, sous lequel était étendu un indigène ; sa femme, assise près de lui, s'occupait à chasser les mouches attirées par une plaie assez large qu'il avait sur la cuisse. Pendant que nous les examinions, deux jeunes gens arrivèrent apportant du poisson qu'ils mirent sur le feu.

Ces quatre individus ne parurent pas s'inquiéter le moins du monde de notre présence. Nous leur offrîmes du tabac qu'ils acceptèrent avec plaisir, et, grâce à cette largesse, ils se prêtèrent à tous nos caprices, et l'un d'eux nous fournit les premiers éléments d'un dictionnaire que MM. Texereau et Boch entreprirent séance tenante.

Le lendemain l'île était déserte. Les pères nous apprirent que la famille que nous avions rencontrée était celle d'un petit chef qui, se trouvant malade, s'était fait transporter, suivant l'usage, au milieu de cette solitude pour attendre sa guérison. « Sans doute, nous dirent-ils, ces pauvres gens seront allés sur un autre îlot, car ils ne retournent jamais au sein de leur village tant que dure leur état maladif. »

Nous demeurâmes donc les seuls maîtres et habitants de l'île Alcmène.

Pendant que nos amis poursuivaient leurs diverses tâches à bord et dans les canots, M. Proust et moi nous parcourions le pays, et nous accablions les bons pères de questions.

A notre première relâche, nous n'avions pu examiner que superficiellement l'établissement de la mission ; mon premier soin fut de le visiter dans tous ses détails.

Après avoir été forcé d'abandonner, provisoirement, Balade et Anatom, Mgr d'Amata s'était retiré avec les débris de ces deux missions à l'île des Pins, près du père Goujon, et il y attendait la décision de la cour de Rome au sujet de la Nouvelle-Calédonie.

Le troupeau d'infidèles était trop peu nombreux pour occuper un personnel aussi considérable ; d'ailleurs ni l'évêque, ni les pères qui l'accompagnaient, ne connaissaient la langue dont l'étude leur eût été inutile ; aussi le père Goujon restait-il seul chargé de poursuivre l'œuvre sainte qu'il avait commencée.

Cependant, incapable de rester inactif, Monseigneur avait entrepris d'asseoir la mission sur des bases solides, et de contribuer à l'établissement de la foi en frappant les sauvages par des travaux qui leur démontrassent leur infériorité.

Une bonne pensée ne pouvait manquer de se développer promptement parmi ces hommes dévoués ! A la voix de leur évêque, les pères s'étaient mis à l'œuvre, et la mission s'était transformée en atelier.

A notre arrivée, elle possédait déjà une belle maison à un étage, d'environ 10 mètres de façade sur 10 mètres de profondeur. Derrière, sur un terrain pris dans la montagne, était l'atelier renfermant des établis de menuisier, un tour, une forge et des outils de toutes sortes. Un peu plus loin, vers le Sud, une rangée de cases couvertes en roseaux servaient à la cuisine, à la boulangerie et aux étables.

Le premier soin des pères avait été de s'occuper des moyens de communication ; aussi, outre la jolie route dont j'ai essayé de redire les beautés, à l'occasion de notre première visite dans l'île, il y avait encore devant la mission un chemin bien entretenu qui n'attendait que des arbres pour faire une délicieuse promenade. Un petit ruisseau, ménagé avec soin, suivait ce chemin dans toute sa longueur. En face de la porte principale de la maison, un sentier de 1 mètre de large conduisait au jardin.

A une centaine de pas, dans la direction de l'étable, on apercevait un hangar qui abritait la scierie.

Obligés de scier à la main toutes les planches qu'ils avaient employées à la construction de la maison, les pères, malgré tout leur courage, s'étaient souvent vus forcés de céder à la fatigue d'un travail aussi rude, et, en essuyant la sueur de leur front, ils avaient compris que les indigènes ne deviendraient jamais habiles à ce prix. De cette pensée était née l'idée d'une scierie à moteur artificiel.

Les naturels ne comprenant rien aux machines qui avaient servi à dresser la charpente, s'étaient retirés convaincus de la force supérieure des étrangers, après avoir vu monter la carcasse de la maison. Mais quand la nouvelle invention des pères eût joué devant eux, et que leur jeune roi eût scié, lui-même, une pièce de bois en poussant un simple ressort, ils se regardèrent les uns et les autres, grimacèrent un sourire, et de ce jour leur admiration fut acquise aux visages pâles.

Dès lors ils se demandèrent si des gens qui étaient venus d'aussi loin pour doter leur pays de ces merveilles, qui passaient leur vie à s'ingénier à leur être utiles pouvaient être animés de mauvaises intentions? Ils s'avouèrent que picopo (l'évêque) et les siens, au lieu d'essayer de les tromper comme les traitants de bois de sandal, leur donnaient beaucoup plus qu'ils ne recevaient d'eux. Ils remarquèrent que les pères repoussaient les femmes qui s'approchaient de leur maison dans un état complet de nudité, et que jamais ces hommes de paix ne couraient après elles. De ce jour, on put espérer leur conversion, car ils commençaient à comprendre les hommes qui s'en étaient chargés.

Bien des fois, depuis cette époque, l'évêque fut obligé de répéter au jeune roi qu'il lui laisserait le père Goujon. « Nos « petits enfants sont habitués à lui, disait le jeune monarque, « nos vieillards le laissent assister au conseil, et nos femmes « craignent ses reproches; si tu nous l'enlevais pour nous en « donner un autre, nous ne le connaîtrions pas comme Gou- « jon. » Et après que Monseigneur lui avait répété que le père ne les quitterait pas, c'était au tour de celui-ci à lui donner l'assurance qu'il mourrait parmi eux. Et comment Mgr d'Amata ne gagnerait-il pas le cœur des sauvages, lui qui sait ranimer la foi chez les indifférents?

Il faut avoir vu, comme nous, ce digne prélat, tour à tour scieur de long et manœuvre, forçant ses prêtres à le commander quand ils étaient plus habiles que lui; il faut l'avoir entendu parler, avec une simplicité évangélique de ses entretiens avec les plus grands de la terre, pour comprendre ce que peut l'exemple d'un tel homme pour la conversion d'un peuple.

Notre jeune ami Devarenne était surtout, parmi nous, l'objet d ces sympathies; il était protestant, et sans doute le prince de l'Eglise romaine déplorait son erreur ; cependant, jamais il ne parut vouloir le convertir. « Voyez et jugez, disait-il, mais ne discutez jamais, car votre jugement se verrait étouffé par votre amour-propre. » Notre ami, qui s'était armé d'une foule de sentences pour se défendre contre une attaque, ne trouvait rien à répondre à cette nouvelle tactique, et il se joignait à nous pour publier les louanges de ce bon père.

Un jour, un des chefs lui demandait pourquoi il recevait à sa table un résident anglais dont il lui recommandait de ne pas suivre l'exemple. « Dernièrement, malgré tous les sermons que je t'ai faits, répondit Monseigneur, j'ai encore vu chez toi les débris d'un festin horrible, et pourtant te voilà assis près de moi ! comment aurais-je pu te reprocher cette vilaine action si je t'avais fermé ma porte ? » Le sauvage comprit et jura de ne plus manger de chair humaine.

A cette table, autour de laquelle vivent confondus tous ces hommes dévoués à la même œuvre, évêque, prêtres, frères, chacun sait conserver la place que lui vaut sa part de services rendus, et, à ce titre, Mgr d'Amata est tellement au-dessus de tous que c'est un plaisir pour ses serviteurs de l'appeler leur maître. Aussi, au milieu de cette égalité parfaite, le digne prélat est-il entouré du plus profond respect.

Nous avons vécu un mois tout entier à l'île des Pins, et dans les visites que nous leur faisions journellement nous les avons toujours trouvés uniformément bons.

Comme toutes les sociétés constituées, la mission a ses règles qui s'appuient sur ces deux principes : l'obéissance et la gloire de Dieu. Le travail est réparti suivant les capacités de chacun, ce qui évite les plus petites contrariétés d'amour-propre.

La forge était du domaine du père Chapuis, la menuiserie de celui du père Vigouroux. Les frères secondaient leurs supérieurs, chacun suivant ses moyens. Le père Goujon soignait le jardin et la maison.

Pour exciter l'émulation et rappeler l'humilité, le pouvoir était alternativement donné à chacun des pères pendant l'espace d'un mois.

Chargé de diriger le travail pendant son règne, celui qui avait en main les affaires de la mission devenait responsable de tout ce qui s'y faisait et personne ne pouvait lui refuser obéissance. Sans doute Monseigneur s'était réservé le droit d'arrêter celui qui se serait laissé éblouir par sa puissance, mais je doute qu'il ait jamais eu l'occasion de sévir dans ce sens.

Grâce à ces sages dispositions, le père Chapuis bouillant comme tout vrai méridional, et le père Vigouroux avec les idées solides d'un bon auvergnat, attendaient patiemment leur tour de suivre chacun ses penchants et la communauté n'avait pas un temps précieux perdu en discussions.

En général les plans des nouvelles constructions étaient adoptés en commun, et le supérieur élu s'y prenait comme il l'entendait pour les faire exécuter.

La cuisine était confiée au frère Malet. Maître d'une fortune indépendante, ce bon frère avait reçu dans son enfance une éducation assez soignée, et, grâce à une imagination vive, il avait abordé les sujets les plus différents. Passable littérateur, presque chimiste, assez bon médecin, un peu horloger, tourneur médiocre, il n'était embarrassé de rien, mais aussi je crois me rappeler qu'il ne s'occupait sérieusement que de très-peu de choses.

Eloigné du monde, où il s'était imaginé qu'on prenait en pitié sa laideur qu'il s'exagérait beaucoup, le frère Malet était entré en religion. Enchanté de son nouvel état, il n'avait plus que le regret de n'avoir pu faire accepter à son supérieur, pour la Société de Marie, le don des 100.000 fr. qui composaient sa fortune.

Dès son arrivée à l'île des Pins, il avait obtenu, sur sa demande, la charge de cuisinier de la maison, qu'il cumulait avec celle de boulanger. Sans doute, placé à la tête des fourneaux d'un financier, le frère Malet eût pu devenir un Vatel, mais à l'île des Pins, comme partout, les missionnaires français n'ont de festins que les jours où ils ont des étrangers à traiter, et ces occasions ne sont pas assez fréquentes pour parfaire un artiste. Cependant je dois à la vérité de dire que le cher frère nous a fait manger des pommes de terre sautées, dont le souvenir me chatouille encore agréablement le palais, et certain gigot que n'aurait pas désavoué l'illustre professeur.

Du reste, quand son pain était au four et que sa marmite bouillait, le frère Malet avait encore une autre mission à remplir : il s'agissait des serviteurs à diriger et de la basse cour à nourrir.

Parmi ceux-là, il y avait un Calédonien et cinq ou six petits indigènes plus turbulents les uns que les autres. Le frère Malet les dressait aux soins du ménage, qui ne consistaient guère qu'à laver la vaisselle et à servir à table. Il leur apprenait surtout à bien garder le troupeau pour l'empêcher de se jeter dans les propriétés des Canaks. Incapable de prononcer un seul mot de la langue des sauvages, il s'était fait un langage de convention tour à tour mêlé de poussades pour les entêtés, et de morceaux de pain pour les dociles, qui, bientôt appris par les intéressés, avait posé le frère très-haut dans leur opinion.

Aussi chacun de ses mouvements causait-il une révolution parmi ses administrés. Jamais il ne franchissait les dix pas qui séparaient sa cuisine de la maison sans un cortége des plus curieux.

Un petit chien-lion, à moitié rasé, ouvrait la marche ; puis venait le frère entouré de toute la gent des volatiles, et suivi par tous les enfants qui, mêlant leurs voix aigres aux cris de la basse cour, faisaient un tintamarre à étourdir un sourd.

Il y avait encore, à la mission, le frère Jean Varagnat, qui, après avoir couru la France comme menuisier, et s'être acquis une réputation dans cette profession, n'ayant trouvé dans le monde rien qui répondit à ce qu'il en espérait, s'était consacré au service de Dieu. Plein d'intelligence, actif, adroit et patient, il excellait en tout.

Atteint des fièvres intermittentes d'Anatom, il n'interrompait son travail que quand la souffrance l'avait vaincu au point de le forcer à garder le lit, et encore souvent, Monseigneur pouvait-il seul le contraindre à un repos qui faisait sa désolation.

Débris de la mission de la Nouvelle-Calédonie, ce bon frère attendait avec impatience le moment d'y retourner ; doué d'une facilité extrême à apprendre toutes les langues étrangères, il parlait le calédonien et l'anglais avec la plus grande aisance, et servait souvent d'interprète à Monseigneur ; mais, je m'arrête, car il ne manquera pas d'occasions d'admirer le frère Jean, et ses actes le feront mieux juger que tout ce que j'en pourrais dire.

Après avoir ainsi fait connaissance avec la mission, je me mis à parcourir l'île dans tous les sens, et, en compagnie du docteur, je fis une guerre à mortaux pigeons et aux canards, recueillant par-ci par-là des notes pour le travail dont j'étais chargé.

Malheureusement l'île est si petite que force nous fut de revenir souvent dans le même endroit ; mais, si nous y perdimes au point de vue du travail, notre table y gagna, et cela n'était pas sans intérêt pour nous.

Tout en dirigeant la mission de l'île des Pins, Monseigneur conservait toujours l'espoir de retourner en Nouvelle-Calédonie, et il n'attendait depuis longtemps qu'une occasion pour aller à Sydney tout préparer pour la réussite de ses projets. Aussi, dès que nous vîmes sur rade un brick de la mission, nous prévîmes que nous allions perdre le digne évêque, et, effectivement, le 9 octobre, il nous quitta.

Tous ceux de nous qui le purent, allèrent jusqu'à bord, en compagnie du commandant, lui faire leurs adieux. Nous savions qu'il avait usé de son autorité pour défendre aux pères de lui préparer des provisions, nous lui portâmes plusieurs petites choses qui pouvaient lui être utiles, et il nous fallut le surprendre à la voile, pour les lui faire accepter.

Depuis longtemps, nous projettions une course au sommet du piton qui s'élève au milieu de l'île ; le 15, nous nous décidâmes à cette excursion, et, en plein midi, sous un soleil brûlant, nous gravîmes le coteau, nous frayant un passage à travers les broussailles. Après une heure et demie d'une marche aussi pénible, nous atteignîmes le but que nous nous étions proposé.

Vue de ce point, l'île entière paraît une énorme pyramide dont le piton forme le sommet. A la base seulement, un large espace qui s'étend jusqu'à la plage présente un terrain uni, coupé par des ruisseaux assez abondants. C'est là que sont les bois qui ne croissent, en général, que dans cette partie. Vers le sommet, le sol, couvert de minerai de *fer spéculaire*, offre uniformément à l'œil une teinte brune qui n'est coupée que par quelques rares arbustes.

Nous découvrîmes des criques profondes, et, dans le Nord, une baie spacieuse dont on nous avait déjà parlé.

De nombreux îlots tout couverts d'arbres forment une ceinture autour de l'île principale, et, au large, un récif de corail défend ce petit monde contre l'envahissement de la mer.

Jetés ainsi par Dieu au milieu d'un océan qui s'étend sans fin de tous côtés, comment la faible intelligence des naturels de ces îles isolées, pourrait-elle leur faire croire à l'existence d'autres terres ? N'est-il pas probable que si les Christophe Colomb, les Améric Vespuce et tant d'autres hardis navigateurs étaient nés dans des pays aussi petits, le monde ancien ne se serait pas enrichi de leurs découvertes ? Pour moi, cette vérité me parut si palpable à la vue de ces pirogues voguant paisiblement entre les récifs sur une mer calme comme l'eau d'un lac, à la vue surtout de cette immensité qui nous environnait, que je pardonnai tout de suite aux habitants de l'île des Pins de s'être crus longtemps, avec les Calédoniens, les seuls êtres vivants du globe.

Nous descendîmes enchantés du spectacle que nous avait

procuré notre course, et nous nous acheminâmes vers le bord.

Sur le versant Ouest, nous traversâmes un bois épais où nous vîmes les plus beaux arbres de l'île. Il y avait, entre autres, une espèce assez analogue au *kaouri* de la Nouvelle-Zélande, et nous trouvâmes sur le tronc d'un de ces arbres récemment coupé une très-grande quantité de résine blanche qui exhalait en brûlant un parfum doux et agréable. En traversant un village d'une dizaine de cases, nous remarquâmes aussi quelques *arbres à pain*; mais ils nous parurent jeunes, et nous apprîmes, par les naturels, qu'ils avaient un grand prix à leurs yeux. Les fruits de ces arbres, quoique moins gros que ceux des îles de la Société, promettaient un plein succès à des cultivateurs intelligents.

Les indigènes étaient en train de planter un champ d'ignames; à peine les plus jeunes se dérangèrent-ils pour nous regarder ; il est vrai que nous étions pour eux de vieilles connaissances et qu'ils savaient qu'à l'heure du dîner de l'équipage, ils nous verraient à leur aise ; mais je suis sûr que l'amour-propre national entrait pour beaucoup dans leur manière de faire.

Depuis notre arrivée, le commandant avait fait proposer au roi de lui prendre quelques-uns de ses sujets avec la promesse de les laisser à Papeete, d'où le gouvernement les renverrait à la première occasion. A mon retour à bord, j'appris que le père Goujon avait annoncé, pour le lendemain, l'arrivée de deux jeunes indigènes; effectivement, le 16, nous comptions deux nouvelles recrues dans notre équipage. Les Wallisiens, de la mission de Sydney, et les Pomotous se conduisaient fort bien ; il y avait lieu de supposer que les nouveaux enrôlés se plieraient comme eux à notre régime ; cependant le commandant décida qu'on les éprouverait, et, pour le moment, on ne leur donna qu'une vareuse et un pantalon en vieille toile.

M. Devarenne avait terminé le plan de la baie de l'Assomption (Uvéo), M. Pouthier avait déterminé la position d'un passage qui permet de se rendre de cette baie à celle d'Onzélé dans le N. O., sans quitter les récifs ; M. de Saint-Phalle avait suffisamment étudié les marées ; rien ne nous retenant plus, le commandant nous prévint que, le 25, nous irions mouiller dans la baie du Nord, et, dès le 23, on commença les préparatifs de départ.

Il y avait une pyramide placée pour les travaux d'hydrographie à l'Ouest de la passe, sur un îlot d'une centaine de mètres de circonférence, entouré, comme toujours, d'une bordure de récifs. La baleinière fut expédiée pour aller relever ce signal, et le petit canot l'accompagna. En arrivant, nos hommes virent plusieurs petits requins qui se livraient à de joyeux ébats dans les eaux de l'intérieur du récif. Un peu effrayés de cette rencontre, ils hésitaient à se mettre à la mer, quand, à leur grande surprise, Toméno, un de nos Wallisiens, se jeta à la nage au milieu du troupeau qui leur causait tant d'émotions, et ne quitta la partie qu'après avoir traîné à terre un des requins qui l'entouraient.

Le lendemain, M. Pouthier embarqua dans le canot major pour aller prendre le relèvement d'un banc dans le passage du Nord et en lever le dernier jalon. Alléché par l'espoir d'augmenter ma collection, de quelques *cônes damiers* que je savais très-abondants à l'endroit où nous devions nous arrêter, je partis avec lui.

A peine hors des récifs, nous trouvâmes la mer fort grosse; néanmoins, Pouthier put observer, et, quand il eut fini, nous nous élevâmes au large pour doubler le banc qui entourait l'îlot; puis, une fois en bonne position, nous donnâmes dans la passe qui devait nous y conduire. Les lames, poussées dans la même direction que nous, semblaient nous poursuivre; leurs crêtes s'élevaient à la hauteur des mâts, et bientôt elles devinrent tellement menaçantes, que nous comprîmes que nous devions être dans le voisinage d'un récif.

A l'avant, nous voyions briser partout; nous ne pouvions songer à virer de bord, sous peine d'être roulés dans la lame; d'un autre côté, entraînés comme nous l'étions, il était évident que la moindre roche devait causer notre perte, et, cependant, en diminuant notre air, nous courions risque d'être atteints par les lames qui nous auraient écrasés sous leurs masses; de toutes façons, la position était donc fort critique.

En approchant de la ligne d'écume qui devait indiquer la fin du récif et au delà de laquelle nous apercevions l'eau calme, Pouthier donna l'ordre d'amener la grand'voile, en tenant la drisse à la main. Pendant qu'on exécutait cette manœuvre, je vis venir une lame gigantesque, et je demandais à mon compagnon s'il n'arrivait pas quelquefois que des lames semblables tombassent dans les embarcations, quand je reçus sur la tête une masse d'eau qui enleva tous mes doutes à cet égard. Dieu merci, le canot avait encore assez de vitesse, et nous en fûmes quittes pour le voir un peu plus chargé. On hissa la grand'voile, et, deux minutes après avoir échappé à ce danger, nous glissions sur les eaux paisibles qui baignent l'îlot qui avait failli nous devenir si funeste.

Quelques heures plus tard, nous nous mettions en route pour le bord ; mais, cette fois, en prenant par les passes intérieures, à la grande satisfaction de chacun.

J'avais pêché quelques cônes, plusieurs cérithes et des rochers de différentes espèces ; mais, en y réfléchissant, je trouvai, qu'en définitive, cela ne valait pas la peine de s'exposer à sombrer.

Le 25, nous quittâmes la baie de l'Assomption (Uvéo) pour nous rendre au port du Nord. Le commandant se fiant aux travaux de ses officiers, mena la corvette par la passe qu'ils avaient déterminée, et l'*Alcmène* s'achemina paisiblement au milieu des récifs, de l'autre côté de l'île. A voir le calme qui régnait à bord, on n'eût certes pas dit que nous étions le premier navire de guerre qui s'aventurât dans ce passage, et pourtant, ce n'était que le premier pas dans cette navigation hardie que nous étions appelés à faire.

Nous sortîmes des récifs et nous vînmes reconnaître l'entrée de la baie du N. O., appelée Onzélé par les indigènes. Le lendemain matin, nous donnions à pleines voiles dans la passe, en rangeant le récif de tribord, et, vers dix heures, nous laissâmes tomber l'ancre au milieu de pâtés de corail.

Une heure plus tard, MM. Pouthier et Devarenne plaçaient déjà les signaux qui devaient leur servir à établir le plan de la baie, et le docteur et moi nous nous faisions mettre à terre en face de la corvette.

La plage que nous abordâmes est d'un accès difficile, à cause de plusieurs bancs qui découvrent à mer basse. Nous trouvâmes, en débarquant, une case assez vaste et tous les vestiges d'un ancien établissement de sandaliers. Autrefois, le capitaine Lewis, dont j'ai eu occasion de parler, avait établi sa résidence dans cet endroit ; mais, depuis longtemps, il ne l'habitait plus. C'est là qu'il avait reçu le commandant d'Harcourt, quand, huit jours auparavant, il avait voulu voir par lui-même l'entrée de la baie dans laquelle il venait de nous conduire.

Après avoir traversé un petit bois de cocotiers, nous découvrîmes sous des roches schisteuses, une grotte assez vaste où nous trouvâmes de l'eau légèrement saumâtre. En cet endroit, le sol semblait s'être affaissé, et on découvrait distinctement les diverses couches sédimentaires de sa formation, ce qui me persuada que, comme je l'avais supposé, l'île principale diffère des îlots qui l'entourent, qui paraissent être les résultats de soulèvements madréporiques.

En nous avançant vers le Sud, nous trouvâmes un autre bois bien différent du premier. Ici le sol laisse à nu le corail et rend un bruit sourd comme je l'avais remarqué à Anaa (Pomotou). Quelques cochons sauvages s'enfuirent à notre approche et nous regrettâmes de ne pas avoir nos fusils en voyant les volées de pigeons et les tourterelles qui voltigeaient sur les branches. On trouve dans cette partie de l'île les mêmes arbres que sur les îlots détachés.

Au milieu du bois, nous remarquâmes un sentier plus large qui remontait vers le Nord parallèlement à la plage; un indigène nous apprit qu'il menait à Gadji, résidence du roi.

Après avoir traversé cette petite forêt, nous gagnâmes une autre baie dont l'approche est interdite aux navires par un récif. Il y avait là un malheureux village de 4 ou 5 cases. En nous voyant approcher, quelques chiens maigres et hargneux se mirent à japper, et bientôt une dizaine de naturels, qui composaient toute la population, furent près de nous.

Nos nouvelles connaissances différaient tellement des naturels de l'île, que nous comprîmes que nous avions affaire à des étrangers comme nous. En effet, le nom de Lifou! Lifou! qu'ils répétèrent plusieurs fois, nous apprit qu'ils étaient d'une île voisine des Loyalty, appelée, sur les cartes, Chabrol.

Moins noirs que les naturels de l'île des Pins, ceux de Lifou ont les cheveux couleur d'étoupe; cela tient à leur habitude de se laver la tête avec de l'eau de chaux. Il y a ordinairement à cet effet, sur la plage, par exemple, une pierre creusée de façon à renfermer la tête, et dans cette pierre, au moyen de coquilles brûlées, ils font de la chaux qu'ils éteignent, et s'y baignent les cheveux.

Je ne sais si cela tient à cette bizarrerie, mais leur figure m'a paru plus ouverte que celle des indigènes de l'île des Pins. Ils sont aussi plus grands, et, s'il est possible d'admettre des nuances dans des costumes aussi simples, ils sont plus à l'état primitif, et portent pour tout ornement une ceinture faite d'un morceau d'osier roulé autour de leurs reins et des coquilles sur les bras. En général, ces bracelets ne sont que des débris de cônes usés par le frottement sur des pierres; pourtant je doute que la parure d'une de nos élégantes coûte autant de peine à faire.

Il y avait avec ces hommes trois femmes, dont une de 15 à 16 ans environ. Curieuses comme notre mère Eve, elles nous entourèrent aussitôt que nous fûmes assis et se mirent à toucher à tout ce que nous avions. Dans l'espoir de les amener à nous pêcher des coquilles, nous leur montrâmes des colliers en verre ; mais, quoiqu'elles en eussent grande envie, leur curiosité l'emportant, nous ne pûmes jamais les décider à nous quitter.

Voyant que je ne pouvais rien tirer de ces curieuses, je me décidai à me mettre à écrire. J'avais avec moi un encrier dont le couvercle s'ouvrait en poussant un ressort ; je m'en servis. Cette chose, qui nous paraît toute simple, les frappa de stupeur ; elles me firent signe de recommencer, et, quand je les eus satisfaites, elles se mirent à appeler les hommes, qui s'étaient retirés dans les cases, et ceux-ci ne furent pas moins étonnés quand j'eus fait jouer mon mécanisme ; mais, avec leur versatilité ordinaire, ils me quittèrent pour voir le couteau du docteur et je restai seul avec les femmes.

Sans doute, pour se rendre plus attrayante, *Tanaa,* la plus jeune, s'était frotté la figure avec une espèce de marron brûlé qui ressemble assez au mapé de Tahiti, et cet ornement la rendait encore plus horrible à nos yeux. A force de lui répéter *kakino* (très-mauvais), en accompagnant ce mot de gestes, je finis par lui faire comprendre qu'elle avait tort de se couvrir ainsi la figure de noir. Comme cependant je n'avais pas la prétention d'opérer une révolution dans les modes du pays, je cessai de m'occuper de Tanaa et de ses compagnes, et je me mis à écrire.

Il y avait bien une demi-heure que ma plume courait sur mon papier quand, en levant les yeux, je me vis en tête à tête avec une jeune fille que je ne reconnus pas d'abord : c'était Tanaa, qui avait pris au sérieux mes conseils et venait me montrer qu'elle s'était lavé la figure de son mieux. Comment douter, après un tel fait, que la coquetterie soit innée chez les femmes, puisqu'on la retrouve chez une sauvage de ces îles, où elles n'ont rien d'humain ! Pour encourager la pauvre fille à persévérer dans cette voie de progrès, je lui donnai un collier et nous nous quittâmes fort bons amis. Proust ayant fini ses recherches, nous nous levâmes pour rentrer à bord.

Nous observâmes derrière le village une coupure semblable à celle que nous avons trouvée dans la baie d'Onzélé, mais ici les dépôts sédimentaires étaient disposés par couches horizontales, semées de polypiers et de coquilles fossiles, parmi lesquelles nous distinguâmes des cérythes, des mures, des buccins et quelques bivalves qu'on trouve encore sur l'île.

Nous prîmes par le bois, et nous ne tardâmes pas à atteindre la plage.

A notre arrivée à bord, le major trouva une cinquantaine d'hommes qui l'attendaient et qui se plaignirent à lui de douleurs très-vives d'estomac et de faiblesse dans tous les membres.

Après avoir donné les premiers soins que semblait réclamer cette affection, qui avait tous les caractères d'une épidémie, M. Proust en rechercha la cause, et fut amené à croire qu'il devait l'attribuer à un poisson rouge du genre des *surgues*, dont les hommes avaient mangé en grande quantité tout le jour.

Le frère Jean vint confirmer ses doutes. Il nous apprit que les pères avaient tous été victimes de ce poisson, et que plusieurs d'entre eux étaient restés paralysés assez longtemps pour avoir continué à en manger dans l'ignorance de ses propriétés nuisibles. Quoique cette espèce soit la plus dangereuse, elle n'est pas la seule dont il faille se défier, et il est prudent de ne manger aucun des poissons pêchés à l'accore des bancs de corail.

Les indigènes eux-mêmes s'en abstiennent, ou si, à défaut d'autres, ils en mangent par hasard, ils ne manquent pas de leur couper la tête et de les dépouiller. Comme dans cette occasion notre cuisinier eut cette précaution, et qu'aucun de nous ne fut malade, je suis porté à croire avec les naturels que la cause du mal est dans la tête ou dans la peau de l'animal.

Le 28, le frère Jean, que Mgr d'Amata avait donné au commandant à titre d'interprète, témoigna le désir de profiter de la relâche pour faire un tour à la mission, et j'obtins la permission de partir avec lui.

A 6 heures, nous étions à terre, et le soir, seulement, nous arrivâmes chez les pères.

Le pays que je traversai me parut disposé pour une exploitation facile ; légèrement accidenté, il est coupé par de nombreux cours d'eau qui s'échappent de chaque petit monticule et serpentent jusqu'au terrain plat, où ils répandent la vie à plaisir.

Les cannes à sucre atteignent, dans l'intérieur, de fort grandes dimensions, et le *taro*, dont la culture est très-facile dans les bas-fonds, vient également à merveille. Je n'exagère pas en disant qu'autour du village, qui est juste à mi-chemin d'Onzélé et d'Uvéo, j'ai traversé des pâturages dont les herbes étaient plus hautes que moi.

Les pères nous reçurent avec joie, et le frère Malet tua ses derniers poulets pour nous fêter.

Le lendemain, nous repartîmes, mais cette fois on ne voulut pas nous laisser retourner à pied, et force nous fut de nous laisser faire. On me donna le cheval, le frère Jean prit l'âne et le frère Malet, qui voulut nous accompagner, monta bravement l'ânesse.

Nous nous arrêtâmes un instant à une source d'eau ferrugineuse qui vient se jeter dans un petit bassin sur la route d'Onzélé ; les naturels en boivent pour quelques maladies.

Le frère Jean et moi, bien montés comme nous l'étions, nous aurions pu arriver en fort peu de temps ; mais, pour ne pas quitter le frère Malet, il nous fallut ralentir le pas, et nous ne parvînmes qu'à la nuit sur la plage. On ne distinguait plus la corvette : nous tirâmes quelques coups de fusil, et on nous envoya chercher.

Je fus reçu à bras ouverts, car le père Goujon m'avait donné des coquilles pour les amateurs, et ce fut à qui en aurait. C'étaient des bivalves de 25 à 30 centimètres de circonférence, très-peu épaisses et rayées perpendiculairement ; elles portent sur chacune des faces des dessins de branches de corail d'une couleur brune et parfaitement tracés.

J'appris en rentrant la désertion des deux naturels que nous avions pris à l'essai, et que la peur des Calédoniens avait fait fuir à la nage.

Le lendemain matin, 1er novembre, nous appareillâmes. La corvette, poussée par une brise ronde, remonta la côte en dedans des récifs, d'où nous sortîmes par une passe située au Nord, près du village où habitait le roi.

L'île des Pins, que nous quittions, située par 22° 35' lat. S. et 164° 58' E. de P., tout en faisant partie du groupe de la Nouvelle-Calédonie, a une organisation toute différente de celle de la grande île, et n'a de relation avec celle-ci que pour faire la guerre à ses habitants.

Partagés entre huit villages, les naturels parlent tous le même dialecte et obéissent au même chef, le roi *Zémi*, dont la résidence ordinaire est à Djari, au Nord de l'île. C'est là que se rassemblent les guerriers de ce petit royaume, lorsqu'ils imaginent une descente dans un des villages du Sud de la Nouvelle-Calédonie, soit pour aller y chercher des kaouris (pin de la Nouvelle-Zélande) dont ils se servent pour faire des pirogues, soit pour y enlever des victimes.

Le roi a, pour l'aider, un conseil de vieillards et de nobles qui se réunissent fréquemment pour traiter des affaires publiques. Il arrive quelquefois que ces réunions sont le théâtre de scènes sanglantes. Le père Goujon me racontait que, dans une séance, il a vu un chef tuer de sa main un naturel qu'il accusait d'avoir jeté un sort à son père. Le meurtrier, dit-il, se remit à sa place et le conseil continua.

Quoique, au premier coup d'œil, on ne distingue pas les différentes classes, avec un peu d'habitude on trouve aux chefs plus de distinction dans le regard et surtout une teinte moins foncée dans la couleur. Il est difficile pourtant de s'expliquer ce phénomène, car chefs et serfs se nourrissent de la même façon et sont soumis aux mêmes travaux. J'ai vu souvent à la mission un naturel né d'un blanc et d'une femme du pays, qui portait au bras le bracelet qui indique le commandement. J'appris à cette occasion que les indigènes aiment beaucoup les métis et qu'il n'est pas rare d'en voir nés dans les derniers rangs s'élever aux plus hautes dignités par l'adoption.

Jusqu'à présent, les pères n'ont pas découvert de religion à ce peuple. Ils croient à un esprit méchant qui prend plaisir à les tourmenter, mais ils ne peuvent concevoir qu'il existe un être infiniment bon qui pense à les récompenser, et ils ne connaissent aucun moyen de conjurer leur mauvais génie.

Persuadés que leur île est une merveille, ces pauvres êtres regardent les étrangers comme des envieux qui viennent leur ravir quelque chose de leurs biens ; de là leur méfiance et le peu de disposition qu'ils ont montré jusqu'à ce jour à écouter les missionnaires.

Pleins de vanité, leur imagination se refuse à croire que tout ne soit pas pour le mieux parmi eux, et cela est poussé si loin qu'il y va de la peine de mort pour celui qui aurait l'audace de construire une case plus haute que celles des autres. Comme on pourrait croire par là que leurs cases sont confortables, je m'empresse de dire qu'elles sont basses, et que, si petit qu'on soit, il faut encore se baisser pour pénétrer à l'intérieur. Outre ce désagrément, elles sont enfumées et sales. Le sol est recouvert d'herbes sèches où vivent à l'aise des familles d'insectes fort gênants pour quiconque a la moindre notion de propreté.

Les meubles consistent en nattes grossières, sur lesquelles se roulent les dormeurs. Dans chaque case on trouve encore des filets en algue très-délicatement travaillés. Ils ont aussi des calebasses qui leur servent à conserver l'eau qu'ils vont chercher dans des cocos secs qui restent toujours pendus à l'entrée de chaque habitation. Ces calebasses sont enveloppées dans des tresses de cocotier d'un très-joli travail qui a quelque analogie avec les garnitures en jonc des pots en porcelaine de l'Inde.

Je n'ai vu nulle part de poteries, mais dans beaucoup de

cases j'ai trouvé des marmites en fonte provenant des sandaliers anglais. L'importation de ces vases a peut-être fait disparaître l'industrie primitive.

Les armes, qui sont toutes passées dans les traverses du toit, consistent en lances droites de 6 ou 7 pieds de long, en bois léger et flexible, qui permet de les lancer à de grandes distances. Ils se servent aussi de casse-tête de la plus grande simplicité : ce sont de jeunes arbrisseaux que l'on coupe au-dessous du sol, et dont la racine fait la tête. Je n'ai remarqué ni tatouage ni ornement à ces sortes d'armes. Quelques lances ont des figures sculptées à l'endroit où se place la main pour les jeter ; mais tout me fait croire qu'elles ne sont plus en usage, car ils s'en défont facilement ; les plus riches ont, à la garde, un morceau de tapa (étoffe du pays). Pour se servir de ces armes, chaque guerrier a sur lui un bout de cordon en fil de cocotier d'un travail très-curieux. Cet accessoire, que j'appellerai le lanceur, long de 4 pouces, est terminé à un des bouts par un œil dans lequel on passe le petit doigt de la main droite ; il y a à cet effet un coulant qui sert à l'ajuster ; à l'autre bout est un simple nœud. Le guerrier saisit sa lance au centre de gravité, puis il place le nœud de son lanceur sur le bois, tourne le cordon autour comme ferait un enfant qui placerait sa corde sur sa toupie, et, après s'être assuré que son arme est bien balancée en la faisant vibrer deux ou trois fois, il vise l'objet à atteindre en dirigeant la pointe dans la direction du rayon visuel, et, ramenant brusquement le bras en avant, il imprime une secousse qui dénoue le cordon et donne la vitesse à sa lance. Il n'est pas rare de voir un naturel toucher le but à cinquante pas.

Leur adresse à cet exercice est telle que nous nous sommes souvent amusés à donner aux jeunes naturels qui venaient nous voir à bord des morceaux de bois d'espèces différentes, tout au plus longs comme des baguettes de fusil, et de l'arrière du mât d'artimon ils les lançaient dans la grande hune ou sur la grande vergue, où ils restaient fixés.

Leurs danses consistent en des simulacres de guerre ; ils tournent en rond autour d'un feu, tenant à la main droite leur casse-tête ou une hache, et, à certains cris que pousse celui qui dirige la danse, tous agitent en même temps ces instruments de mort, tantôt à droite, tantôt à gauche. Le mérite consiste à exécuter ces mouvements avec ensemble.

Groupés autour de leurs chefs, dans des cases que celles de

ceux-ci dominent, ils cultivent les terres en commun dans chaque village. Tous les ans, ils construisent une case nouvelle pour abriter la récolte d'ignames. Cette habitation a la forme circulaire, tandis que les autres sont comme nos chaumières.

Leurs plantations consistent en bananiers, taros, ignames, patates douces et cannes à sucre. Ils vivent beaucoup de poissons et de coquillages, dont le voisinage de la mer leur rend la pêche facile.

Ils n'ont pour cultiver qu'une perche longue de 10 pieds, qu'ils fichent en terre afin de détacher des mottes que les femmes égrènent avec les mains. Quand ils veulent faire une plantation d'ignames, le plus souvent ils choisissent une portion de bois, y mettent le feu et, après deux ou trois jours, lorsque les cendres sont froides, ils plantent, au pied de chacun de ces tuteurs improvisés, une ou plusieurs ignames. On comprend que ces barbares détruisent ainsi des quantités précieuses de bois que des européens soigneraient avec la plus grande sollicitude.

La superstition joue un grand rôle dans la récolte des ignames, sans doute parce qu'elles composent la base de la nourriture. Lorsqu'elles sont semées, il est défendu aux hommes d'avoir commerce avec les femmes, qui se retirent dans des cases particulières, et si l'un d'eux, ayant enfreint cette règle, s'avisait de traverser une plantation, il serait infailliblement massacré ; et, de peur de laisser échapper un coupable, on ne permet qu'aux missionnaires et aux enfants de mettre le pied sur les plantations en toutes saisons. Cela est poussé si loin qu'il a fallu l'intervention du père Goujon pour empêcher les naturels de faire un mauvais parti à des santaliers qui n'avaient pas tenu compte de ce tabou.

Le travail des hommes se borne à la préparation des terres ; les plus jeunes cueillent les cocos ; les femmes font la cuisine, pêchent et approvisionnent la case de tout ce qui lui est nécessaire. J'ai vu une de ces malheureuses accouchée de la veille et qui travaillait comme ses compagnes. Elles portent leurs enfants sur le dos dans un morceau d'étoffe du pays, fait d'écorce d'arbre ; le marmot a les jambes écartées de chaque côté du dos de sa mère s'il les a assez grandes, et, s'il est trop petit, il reste accroupi dans ce sac.

Les propriétés sont, aux environs de chaque village, entourées de haies en bourao (*hibiscus*) ; il y a, dans les principaux centres, une espèce de place publique au milieu de laquelle s'affichent les arrêts du roi ou du chef de la tribu. Cela consiste à attacher à une longue perche quelque chose qui se rapporte à l'ordre donné. Ainsi, si c'est la guerre, on met une tête d'homme; s'il ne s'agit que d'un tabou, c'est-à-dire d'une simple défense de toucher soit aux cannes, soit au taro, soit aux ignames, on se contente de mettre en évidence un de ces objets. Ces sortes de publications se répètent au détour des sentiers et sur les éminences.

Le capitaine Paden a donné au roi, il y a quelques années, des bêtes à cornes qui ont produit en liberté, et plus tard ce sera une grande ressource pour ce petit peuple ; mais, à l'heure qu'il est, ces animaux vivent à l'état sauvage et les naturels n'en tirent aucun parti. Le climat de l'île paraît propre à l'élève des bestiaux de toute espèce. Les pères ont des bœufs, des moutons et une jument qui feraient envie à des éleveurs européens.

Tous les oiseaux de basse-cour qui ont été importés réussissent également bien : il y a même une assez grande quantité de poules à l'état sauvage. Quoique les pigeons abondent, je n'ai pas entendu dire que les naturels en mangeassent.

Les légumes de toutes sortes qu'on a essayés ont donné d'excellents résultats.

Nous avons trouvé dans nos chasses trois variétés de pigeons et deux genres de tourterelles ; des perruches à tête bleue, avec les ailes noires et vert-pomme ; de petits oiseaux d'un vert foncé, ayant la gorge et le ventre rouges : ces derniers ont beaucoup d'analogie avec nos moineaux quant aux mœurs. Il y a encore des martins-pêcheurs, des pies-grièches, des corbeaux d'une très-petite espèce, et, dans les baies, des chevaliers, des alouettes de mer, des hérons blancs et des canards ; enfin, il est bon de mentionner la roussette, qui est très-nombreuse, et que les naturels mangent avec plaisir.

Les naturels ne connaissent qu'un être malfaisant : c'est une araignée dont la morsure donne la fièvre. On rencontre, au bord de la mer, des couleuvres annulaires, les unes grises, les autres jaunes; mais elles sont inoffensives, et nos matelots prétendaient que la chair en était fort bonne.

Au nombre des ressources qu'offre l'île des Pins, on doit mettre en première ligne le bois qui y est très-abondant. J'ai compté jusqu'à six espèces différentes de bois dur. Il y en a dont l'extérieur ressemble à celui du chêne-vert, et qui, lorsqu'il est frais, a une teinte jaune qui devient rose à l'air, et suce une eau d'un mordant tel qu'il nous a fallu recourir au rabot pour enlever des taches faites par le contact d'une bille de ce bois sur le pont. L'autre espèce, la plus remarquable, a quelque rapport avec le châtaignier; le bois est du même jaune, mais plus corsé et d'un grain très-serré. Dans beaucoup de sujets, on trouverait des courbes pour des embarcations, et même pour des goëlettes. Le père Chapuis m'a fait voir une espèce très-commune qu'il regardait comme essentiellement bonne au charronnage.

Il y encore le pin collo-nain qui tient le milieu entre le pin de Norfolk et celui de la Nouvelle-Zélande; malheureusement ce bois est sans sève, très-cassant et rarement droit. L'arbre à résine, qui a beaucoup d'analogie avec le kaouri, est bien plus précieux, et pourrait donner de grands produits ; c'est du reste le seul qui puisse donner des billes de plus de 8$^m$ 50 sur 0$^m$ 30 d'équarrissage.

Le caoutchouc est un arbre dont le bois est jaune, qui rend à chaque incision un liquide noir qui produit, en l'appliquant sur la peau, une espèce de lèpre.

Je terminerai cette énumération bien incomplète par le sandal qui, quoique très-abondant sur l'île, ne saurait être exploité d'ici à quelques années, car tous les sujets passables ont été coupés. Le cocotier, le figuier, le bananier, le pandanus et le bourao fournissent une abondante nourriture aux naturels.

J'ignore si l'île renferme beaucoup de minerais précieux, mais elle abonde en minerais de fer, et j'y ai recueilli des échantillons qui paraissaient être de l'argent sulfuré ; toutefois je n'ai pu les expérimenter. Les pères n'ont pas encore trouvé de calcaires, quoique tout me porte à croire qu'il y en ait vers le port du Nord; en attendant ils font leur chaux avec des débris de coquilles.

Grâce aux cours d'eau, la végétation est partout brillante, et il n'est pas douteux que, placés entre les mains de cultivateurs intelligents, l'île des Pins ne devînt rapidement une source de fortune ; mais il y a loin du savoir des sauvages qui l'habitent à l'habileté du moindre de nos paysans, et d'ici à bien longtemps il faudra se contenter de déplorer l'ignorance de ces malheureux insulaires.

Nulle part une colonie naissante ne trouverait plus de ressources que dans ce petit coin du globe, mais l'espace est trop restreint pour que jamais l'île des Pins devienne autre chose qu'une succursale des établissements qui, tôt ou tard, seront créés dans la Nouvelle-Calédonie.

### NOUVELLE CALÉDONIE.

## *Kanala.*

Le canal qui sépare l'île des Pins de la Nouvelle-Calédonie est très-étroit, et, lorsque le temps est clair, on distingue parfaitement la grande terre de la pointe Nord de l'île. Partis d'Onzélé le 1er novembre, ce ne fut cependant que dans la nuit du 2 au 3 que nous arrivâmes par le travers du port de Kanala, que nous allions chercher sur les indications des pères et les rapports du capitaine Léwis.

Jusqu'à la nuit nous longeâmes le récif extérieur, essayant inutilement de trouver une passe ; la seule qui nous parut navigable était tellement parsemée d'écueils, que le commandant ne voulut pas s'y risquer et nous reprîmes le large. Le lendemain, au jour, nous nous approchâmes de nouveau, et M. Devarenne fut expédié dans le canot du commandant pour aller reconnaître le passage qui devait nous conduire dans le port. Le frère Jean l'accompagnait en qualité d'interprète, et, une fois en dedans du récif, nous les vîmes s'éloigner rapidement, poussés par une fraîche brise d'Est. Nous reprîmes la bordée du large et nous attendîmes avec impatience.

Nous avions enfin devant nous cette terre d'anthropophages que nous étions appelés à explorer ! Le soleil, en se levant, la dorait de ses rayons ; dans toute sa longueur, les orgueilleuses crêtes de ses hautes montagnes se perdaient dans les nues, et à l'aspect de ses nombreuses baies si coquettement ornées d'élégants cocotiers, de cette gracieuse ceinture de récifs à l'écume blanchissante qui entoure l'île entière d'un lac paisible, plus d'un se prit à sourire de ces bons voyageurs, qui avaient osé faire d'un pays si attrayant le siége de la plus atroce barbarie.

Dans la journée, nous aperçûmes au Nord un brick-goëlette qui donna dans une passe, et eut l'air de faire route vers Kanala.

Le lendemain, M. Devarenne revint. Il était arrivé à la nuit dans le port de Kanala, qu'il avait trouvé très-sain ; les naturels l'avaient fort bien reçu, et semblaient, nous dit-il, avides de tabac, dont ils étaient privés depuis quelque temps. Sur les indications de notre camarade, le commandant essaya de gagner le mouillage.

Nous fimes ainsi 15 milles environ en dedans des récifs. Nous ne tardâmes pas à rencontrer des pirogues de naturels qui, loin de s'effrayer à notre approche, manœuvrèrent pour nous accoster, et saisirent avec joie les bouts de filain qu'on leur jeta du bord.

Ces pirogues étaient doubles et montées par douze ou quinze hommes, qui nous parurent moins noirs que les habitants de l'île des Pins; du reste, leur costume était le même.

Ce genre d'embarcation est très-commun sur toute la côte Est. Leur construction est fort simple; elles se composent de deux troncs d'arbres creusés en pirogues d'une vingtaine de pieds de long sur cinquante centimètres de large, placées à un mètre et demi l'une de l'autre, et reliées ensemble par un pont jeté en travers. Tout autour de cette plate-forme il y a une galerie haute de 30 centimètres qui sert aux guerriers à poser le pied quand ils combattent et aux nageurs à placer leurs pagayes; les lances se mettent en dehors sur de petits arcs-boutants destinés à cet usage. Ces pirogues n'ont pas d'avant; aussi, pour virer de bord, on se contente de changer le mât de place. Leur mâture consiste en deux morceaux de bois disposés en bique, inclinée sur l'avant; une grosse corde de cocotier maintient l'appareil en arrière; le patron gouverne au moyen d'un aviron passé dans un trou à peu près au milieu de la traverse qui joint les deux pirogues. Quoique les indigènes ne fassent pas de grandes excursions et ne sortent jamais des récifs, il y a toujours au milieu du pont un foyer entouré de pierres qui leur sert à cuire tout de suite les poissons qu'ils pêchent.

Nous filions 3 nœuds environ; la mer était transparente, et de temps en temps on voyait des têtes de corail s'élever du fond, et la sonde annonçait parfois 4 brasses; cependant aucun accident ne vint arrêter notre marche, et en faisant un coude très-brusque vers l'O., nous entrâmes dans le port de Kanala. C'est un boyau large d'un mille environ, courant du N. O. au S. O. De hautes montagnes nues forment de chaque côté une espèce de muraille coupée de distance en distance par des baies accessoires peu profondes, dont les cocotiers, le sable fin et la végétation reposent l'œil de la monotonie du reste du chenal. Nous mouillâmes à 7 milles $\frac{1}{2}$ de l'entrée, à quelques mètres du brick-goëlette que nous avions aperçu la veille, et qui était venu là pour trafiquer du bois de sandal; il était quatre heures du soir.

Pendant que le lieutenant faisait ses dispositions pour la relâche que nous allions faire, et que l'on préparait tout à bord pour les travaux d'hydrographie qui devaient commencer le lendemain, le commandant se fit donner le youyou, et le docteur et moi nous descendîmes avec lui dans cette petite embarcation.

À notre approche, des naturels se mirent à l'eau pour venir nous prendre et nous déposèrent tranquillement sur le rivage.

A la demande du frère Jean, plusieurs jeunes garçons nous conduisirent à une aiguade qui n'était qu'à quelques pas, et l'un d'eux s'offrit pour nous en indiquer une autre de l'autre côté de la rade qui, disait-il, devait nous être plus commode. Nous apprîmes que les gens que nous voyions étaient tous d'un village de l'intérieur, et qu'ils étaient venus là pour visiter le brick anglais qu'ils connaissaient depuis longtemps. A la nuit nous rentrâmes à bord, nous promettant de revenir au jour.

Le 6 au matin, le canot major, la baleinière et le youyou débordaient ensemble; les deux premières embarcations pour aller, sous les ordres de MM. Pouthier et Devarenne, commencer l'hydrographie; la dernière pour nous conduire, le docteur et moi, à la recherche de l'inconnu.

Grâce au frère Jean, nous avions trouvé deux petits indigènes qui nous servaient de guides, et, sur leurs indications, nous nous dirigeâmes vers le fond du port.

Après avoir franchi une première barre, qui, à mer basse, reste presque à sec, nous arrivâmes à l'entrée d'une large rivière divisée en plusieurs canaux par des massifs de mangliers.

Nous prîmes vers le Sud, et nous courûmes 3 milles environ dans la même direction sans rencontrer d'obstacles. Le fond variait entre 4 et 5 pieds; surpris bientôt par la mer basse, nous ne trouvâmes plus que 1 pied d'eau, et, en nous enfonçant dans les terres, nous échouâmes notre youyou; force nous fut alors de renoncer à le mener plus loin; nous pouvions être à 5 milles du port.

Il y avait là un village d'une dizaine de cases; nous laissâmes nos deux canotiers, et nous pénétrâmes dans l'intérieur. Nous ne rencontrâmes pas un homme; les femmes, en nous voyant, se réfugièrent dans les cases, et les enfants se mirent à crier si fort qu'il fallait toute notre envie de voir pour nous décider à affronter ce tintamarre.

Une fois dans une case, comme il n'y a qu'une entrée et que

nous la barrions, les femmes qui y étaient furent obligées de nous regarder en face. Pour mettre fin à leurs craintes, nous leur jetâmes quelques grains de verroterie, et en un instant nous fûmes assez bien posés pour que tout le bruit cessât, et que les petits marmots s'en vinssent jouer autour de nous.

Les mouches nous firent fuir, et, tranquillisés sur le compte de notre canot, nous entrâmes en chasse.

Le pays, dans cette partie, est assez bien cultivé ; on rencontre des champs de cannes et d'ignames ; le sol est argileux, et de nombreux cours d'eau répandent la vie dans cette petite vallée ; les canards abondaient, et nous n'eûmes pas de peine à remplir nos gibecières.

Comme nous retournions sur nos pas, nous nous trouvâmes tout à coup au détour d'un sentier au milieu d'une troupe de sauvages.

Ils étaient debout, leurs lances à la main, et la figure toute barbouillée de noir ; leurs yeux injectés de sang semblaient indiquer une grande surexcitation ! Ils entouraient un des leurs assis sur une pierre et soutenu par deux d'entre eux. Quoique nous eussions nos fusils à la main, nous ne jugeâmes pas prudent de nous arrêter pour étudier cette scène, et nous passâmes outre, suivi par les regards farouches de ces sauvages. Cent pas plus loin, nous nous croisâmes avec un vieillard qui nous fit entendre qu'il venait de se livrer un combat dans la montagne que nous voyions à 1 mille, et qui voulut nous engager à aller aider les siens et à venger le guerrier blessé que nous avions rencontré.

Le vieil entêté mettait tant de feu dans sa pantomime qu'il n'y avait pas moyen de ne pas comprendre, et notre amour-propre avait tout lieu d'être flatté du nombre des morts qu'il étendait à nos pieds ; mais nous ne nous laissâmes pas tenter par la gloire qu'il nous offrait, et nous continuâmes notre route. Ces deux rencontres nous expliquèrent pourquoi nous n'avions trouvé que des femmes dans le village. Nos canotiers s'étaient reposés ; personne ne les avait inquiétés ; nous reprîmes avec eux le chemin du bord.

Le frère Jean, auquel nous racontâmes ce qui était arrivé, nous dit qu'il tenait des naturels du port qu'il y avait eu ce jour-là bataille. Il s'agissait d'une vieille haine de tribu à tribu qui durait de mémoire d'homme. Depuis longtemps la tribu la plus forte ne donnait de répit à son ennemie que lorsqu'elle avait détruit tous ses guerriers. Cette paix bizarre durait depuis cinq ans, et, les jeunes gens étant devenus des hommes, l'œuvre d'extermination recommençait.

Comment ne pas croire, après des faits semblables, que Dieu n'a pas destiné cette race à régner jamais sur ces terres!

Le lendemain, nous fîmes une nouvelle course qui nous procura des canards à foison; surpris à notre retour par la mer basse, nous pûmes à notre aise examiner le fond de la rivière. Il est de vase épaisse, couverte dans beaucoup d'endroits de *cerithes*, de *paludines* et de *mélanies*, et dans d'autres de *cyclades* et de *syrènes*. Le long des mangliers, on trouve encore diverses coquilles du genre *limnée*.

Enhardi par nos premières courses, je projetais de faire une pointe vers le Sud, quand j'appris que le commandant allait donner à M. Pouthier l'ordre de partir dans son canot pour se rendre à Kouaoua, baie située à 4 milles seulement de l'entrée de Kanala, dans le but d'étudier le passage, de notre mouillage à ce nouveau port. Je demandai à faire ce trajet par terre, et je m'entendis avec mon camarade qui devait me prendre le 9 à Kouaoua.

M. Texereau avait ordre de me donner un homme de l'équipage pour m'accompagner; il voulut bien m'en laisser le choix, et je pris Thiéry, garçon hardi et raisonnable que j'avais autrefois rencontré à Paris dans les rangs de la garde nationale, lors de la révolution de 1848.

Le 8, au point du jour, je pris congé du commandant, je serrai la main à mes amis, et, la cartouchière bien garnie, je quittai le bord, n'emportant des provisions que pour un jour, convaincu que le lendemain je rencontrerais M. Pouthier.

En passant le long du brick, je pris pour guide un naturel de Britannia, du nom de Popo, qui, ayant servi pendant un an les Anglais, parlait assez bien leur langue pour m'être fort utile. Cette fois nous remontâmes vers le Nord. Nous devions descendre la rivière pendant 4 milles, et de là renvoyer notre embarcation.

D'abord, nous nous avançâmes au milieu du silence le plus profond; c'est à peine si quelques timides canards ou quelques inoffensifs hérons troublaient le calme de la nature. Mais bientôt, avec les premiers rayons du soleil, nous vîmes apparaître une foule de pirogues montées par des naturels qui se rendaient à bord de l'*Alcmène* pour échanger leurs coquilles contre du tabac et du biscuit. A droite, les bords sablonneux de la rivière relevés en talus se couvrirent de pêcheurs, et nous

nous trouvâmes accueillis par des offres de tous genres. A 3 milles environ du port, nous fîmes un coude vers le Nord, et nous découvrîmes le village de Nocoloboua, d'où sortait toute cette population, et où nous conduisait notre guide.

Au moment où nous accostâmes, une foule nombreuse s'agitait dans tous les sens. Popo nous apprit qu'il s'agissait des objets d'échange que les naturels avaient reçus de la corvette et dont ils faisaient étalage. Il me montra le chef Kaï, auquel j'offris un collier de verre pour son marmot qu'il tenait sur les bras, et un morceau d'étoffe rouge pour lui.

Ainsi posé dans cette tribu, je renvoyai le youyou à bord, et je suivis notre guide dans sa case.

Après s'être muni d'un paquet de lances, Popo me dit qu'il allait chercher un compagnon de route. Au bout d'un quart d'heure, il revint avec un enfant de quinze à seize ans, et nous partîmes aussitôt.

Nous suivîmes d'abord la rive gauche, tantôt marchant le long de la rivière, tantôt marchant dans les terres, selon les détours capricieux du sentier que nous avions pris. Nous arrivâmes au pied d'un mamelon, sur le flanc duquel est un petit village dont le chef, vieillard d'une cinquantaine d'années, vint nous offrir des cannes à sucre et des cocos et recevoir nos présents.

Comme je comptais les cases, qui s'élevaient à vingt, Popo, qui comprit que je voulais estimer la population, m'apprit que les chefs possèdent d'ordinaire deux cases au moins pour eux et autant pour leurs femmes ; que, de plus, chaque village a une case où se retirent les femmes à l'époque de la plantation des ignames, ou lorsqu'elles sont dans une position critique, et qu'il faut encore déduire du nombre des habitations occupées une dernière case destinée aux conseils des nobles. De sorte, me dit-il, que sur les vingt cases que vous voyez, il n'y en a pas plus de quatorze qui soient habitées.

Après quelques milles parcourus sans obstacle au milieu des champs d'*ignames* et de *taros*, dépendant de cette tribu, nous eûmes à traverser un bras de la rivière. En cet endroit, ce n'est plus qu'un cours d'eau que nous passâmes facilement. En hiver, il est probable que, grossi par les pluies, ce petit ruisseau devient navigable pour les pirogues, car son lit a bien 10 mètres de largeur, et se trouve encaissé entre des bords de plus de 6 mètres d'élévation au-dessus de son niveau.

Nous nous arrêtâmes pour déjeuner auprès de cette bonne source, et convaincus que nous devions trouver M. Pouthier le soir même, nous fîmes grasse chère à la grande satisfaction de nos guides.

Quoiqu'il n'y eût pas de village précisément où nous étions, nous vîmes venir à nous une troupe d'indigènes. Il y avait parmi eux un jeune homme dont la couleur claire trahissait l'origine. Popo me le présenta comme un jeune chef. Je ne tardai pas à gagner son affection au moyen d'un morceau de calicot, et il m'offrit de me reposer dans sa case. Comme mon guide m'assura que cette visite ne pouvait me retarder, j'acceptai, et nous cheminâmes ensemble.

La plaine que nous suivions depuis Nocoloboua peut avoir 10 milles de long sur 2 milles de large. Elle est bornée à l'Est par les hautes montagnes qui courent parallèlement à la côte; à l'Ouest par une chaîne intérieure plus basse que la première, et au Nord par des branches latérales qui relient ensemble les chaînes de l'Est et de l'Ouest. Au Sud, le terrain plat s'étend à une trentaine de milles pour aller, comme au Nord, finir au pied de petits chaînons.

Grâce au voisinage de la rivière, qui serpente dans toute la longueur de cette petite plaine, elle présente partout une végétation très-vive. Le bas terrain est recouvert d'une forte couche de terre végétale. La chaîne de l'Ouest offre les mêmes particularités; celle de l'Est est moins fertile, il n'y croît que des broussailles. Dans les gorges, on rencontre fréquemment des bois de fer d'un bel échantillon, et les cocotiers sont répandus à profusion dans le voisinage des habitations.

En sortant de Nocoloboua, nous avions remarqué quelques cases isolées sur le versant d'une colline, et qui n'ont dû être ainsi construites loin du village que pour jouir de la fraîcheur de l'ombrage d'un petit bois touffu qui couvre cette partie.

J'avais avec moi une boussole et une montre; les indications de la première m'indiquaient que j'étais beaucoup trop Nord, et ma montre, qui disait midi, venait à l'appui de cette supposition. Thiéry était de mon avis; nous arrêtâmes nos guides tout court, et je demandai à Popo où il nous conduisait : à Cououa, me répondit-il; et il me montra du doigt une direction qui nous éloignait encore. Persuadé qu'il devait y avoir un malentendu entre nous, j'expliquai à Popo que l'endroit que nous cherchions était un port où le canot nous attendait. A l'air contrit du malheureux, je compris que nous avions fait fausse route, et quand il eut consulté son camarade, il m'avoua qu'il nous conduisait à un village dans l'intérieur, du nom de Cououa, au lieu de me conduire à la baie de Kouaoua. Nous aurions rossé ces deux pauvres diables que nous n'y aurions rien gagné; nous prîmes tout de suite notre parti, et, soutenus par l'espoir d'arriver à temps, nous retournâmes sur nos pas.

Mon jeune chef métis, en nous voyant prendre cette direction, essaya de nous faire changer de projet, et, à en juger par ses gestes, il déploya beaucoup d'éloquence; mais ce fut en vain, et nous le quittâmes.

Vers quatre heures, nous étions de retour à Nocoloboua. Prières, menaces, rien ne put décider Popo à aller plus loin. Je fus donc contraint de passer la nuit dans ce village; nous nous établîmes dans la case de notre guide, et nous avisâmes au moyen de passer le temps.

Notre première occupation fut de songer au dîner. Nos largesses du matin nous avaient coûté cher, et il ne nous restait plus environ qu'une demi-livre de pain et une once ou deux de fromage; nous convînmes de ménager cette ressource pour la course qui nous restait à faire le lendemain. J'eus bientôt tué une demi-douzaine de *chevaliers*, qui, avec les ignames que nous nous procurâmes, firent les frais de notre repas. Pendant que mon compagnon s'occupait de la cuisine, je parcourus Nocoloboua avec Popo.

Le premier objet qui frappa mes regards fut un char à bœufs laissé au milieu des herbes; je le montrai à mon guide, qui me dit qu'il y avait eu une tentative d'établissement faite par des Anglais dans le village même, et qu'ils y avaient amené des bœufs et des moutons; mais qu'après un séjour de quelques mois ils s'étaient retirés. Je lui demandai si les naturels étaient la cause de ce départ; il me répondit que, bien au contraire, ceux-ci espéraient toujours les voir revenir et gardaient soigneusement tout ce que les colons avaient laissé après eux.

Le village de Nocoloboua est divisé en deux parties très-distinctes : la première, qui apparaît d'abord, est habitée par les étrangers. Ce sont des naturels de Chabrol et de Britannia, qui viennent tous les ans s'établir chez Kaï, qui leur donne de la terre et leur permet de pêcher dans la rivière, à la condition de l'aider dans ses guerres et de lui fournir des pirogues. Les cases de ces naturels sont construites sans goût, et n'ont rien de la régularité de celles des habitants de l'île; on voit au premier coup d'œil que l'on a affaire à une colonie.

De chaque côté de ce premier village, le chef Kaï a une case qui domine toutes les autres; il n'habite ni l'une ni l'autre, mais elles sont là comme des monuments de sa puissance, et servent, dans les grandes circonstances, de lieu de réunion. Leur forme est celle de toutes les cases des Calédoniens; je ne saurais mieux les comparer qu'à des ruches ou à d'immenses pains de sucre. De chaque côté de l'entrée, haute de 4 pieds, on voit des montants sculptés, présentant régulièrement des têtes de monstres et une espèce de tatouage très-simple; ces chefs-d'œuvre sont peints en rouge sur un fond noir. Au sommet de la case s'élève une perche ornée de conques marines qui semblent s'appuyer sur une autre figure en bois placée au-dessus de deux croissants tangents l'un à l'autre. Dans beaucoup de demeures de chefs on trouve des morceaux de bois, simulant des lances, fixés dans la couverture en jonc; ce sont les trophées de ces grands guerriers, et ils varient suivant le nombre de leurs victimes.

L'intérieur est loin de répondre à l'extérieur. Au milieu est le foyer, d'où s'exhale sans cesse une épaisse fumée qui, faute d'issue, se répand dans la case, et on ne peut échapper à ce fléau qu'en se couchant sur une espèce de fumier de jonc qui couvre le sol; mais on y rencontre tant d'insectes gênants qu'il est difficile de s'en accommoder. Cette mauvaise disposition des cases est sans doute la cause des nombreuses maladies d'yeux dont sont atteints les naturels.

La seconde partie du village, située à quelques pas de la première, à l'entrée de la vallée, offre un agréable coup d'œil. Là encore Kaï a une case qu'il occupe, et celles de ses véritables sujets sont jetées sans symétrie autour de la sienne, à l'ombre d'énormes figuiers qui étendent sur elles leurs rameaux bienfaisants. Tout autour croissent à profusion des bois de fer, et au pied de ces géants de timides cannes à sucre et d'élégantes plantations d'ignames et de bananiers décèlent la richesse de la tribu.

Kaï tient sous sa domination tout le pays compris entre la montagne à l'Ouest de Kanala et celle à l'Est de Kouaoua. D'après ce que j'ai pu voir dans mes différentes excursions sur ses terres, il a environ deux mille sujets.

En rentrant chez Popo je trouvai les naturels s'exerçant à lancer des pierres avec leurs frondes. Ils avaient placé à 70 pas, dans la rivière, une perche de 10 centimètres de diamètre et tiraient sur ce but. Quelques-uns me prièrent d'essayer mon adresse, et je me rendis à leur désir. Ma balle passa à un pouce de la perche, et, ricochant sur l'eau, elle s'en alla à une distance considérable de l'endroit où nous étions. Incapables de se rendre compte de ce fait, ils furent saisis de surprise à cette vue, et dès lors mon fusil devint pour eux quelque chose de bien plus surnaturel encore ; je les laissai sous le coup de cette impression, et, dans la crainte de manquer une seconde fois le but, je me retirai.

C'était l'heure du souper ; de tous côtés les femmes et les enfants rentraient venant de la rivière, leurs paniers pleins de coquillages, dont les plus communs étaient des strombes à la bouche argentée et bruns à l'intérieur ; on nous en donna quelques-uns, et, grâce à ma chasse et à ce que nous avaient donné nos hôtes, nous dînâmes à merveille.

Il ne nous fut pas si facile de dormir. Si, dans le jour, nous avions eu à souffrir des mouches, attirées dans chaque case par les dépôts de coquilles jetées sans soin à quelques pas de l'entrée, nous fûmes bien autrement tourmentés pendant la nuit. Les puces et les moustiques ne nous donnèrent pas un moment de répit, et quand, au jour, Popo vint nous dire qu'il fallait partir, nous étions plus fatigués que la veille. Cette fois, après avoir fait cent pas environ le long de la rivière, nous la passâmes en pirogue et nous nous dirigeâmes vers l'Est. Nous ne tardâmes pas à arriver au milieu d'un grand village de la tribu de Kaï.

Ici la case du chef s'élevait à une extrémité d'une avenue de cocotiers tirée au cordeau, et les demeures des naturels, échelonnées de chaque côté, présentaient le coup d'œil régulier des villages qui bordent nos grandes routes. Je remarquai dans l'ensemble un certain air de propreté qui m'étonna, et, à la grande joie du chef, je me mis à dessiner sa case, dont l'ornementation, en tout semblable à celle de Kaï, avait pourtant un peu plus de fini.

Comme Popo ne connaissait pas la route de la baie, nous nous adjoignîmes un de ses compatriotes.

Ce naturel, du nom de Noki, pouvait avoir de 20 à 25 ans ; petit, mais solidement construit, son regard droit m'inspira la plus grande confiance. Il portait sur la tête un morceau d'étoffe rouge et au bras une coquille soutenue par un cordonnet en poil de roussette. Quand je l'eus accepté, il courut prendre chez lui un casse-tête qu'il me montra avec orgueil : c'était un chef-d'œuvre de poli ; du reste, on n'y trouvait pas la moindre cise-

lure ; la poignée était entourée d'un morceau de tapa pour en
rendre le maniement plus facile, et la tête représentait un bec
d'oiseau. Sa femme lui apporta un petit panier contenant une
igname bouillie, et, ainsi armé et approvisionné, il nous fit
signe qu'il fallait partir. De ce côté de la rivière le sol change
de nature : le terrain est argileux et la végétation moins vive.
Nous longeâmes pendant quelque temps un ruisseau qui des-
cend de la montagne, et dont les eaux sont ferrugineuses. En
traversant un ravin coupé dans toute sa longueur par un torrent qui nous parut devoir être très-gros dans l'hivernage, je
trouvai du sable plein de mica et des blocs de fer spéculaire
mêlé à de l'argile ; toute la montagne, que nous gravîmes, est
de la même nature.

Arrivés au sommet, nous croyions apercevoir la baie de
Kouaoua, mais nous fûmes déçus de notre espérance. Nous
dominions un immense espace de la forme d'un cratère, et il
nous fallait descendre au fond du gouffre, puis remonter le
versant opposé pour arriver au but de nos désirs. Nous ne per-
dîmes pas de temps à nous plaindre et nous reprîmes notre
course.

De ce côté de la montagne le sentier passait à travers des
blocs de pierre d'un schiste tellement friable, que nous les
réduisions en poudre par la seule pression de nos doigts. Popo
me dit que c'était un passage dangereux en temps de guerre,
et Noki s'offrit pour nous donner une idée de la manière de
combattre des indigènes. Il prit les deux lances de son camarade
et disparut bientôt à nos yeux au milieu des roches. A un détour
nous le trouvâmes embusqué, et, après avoir fait mine de se
jeter sur nous, il prit de nouveau la fuite en se baissant comme
s'il eût voulu éviter les flèches. De temps en temps il s'arrê-
tait et c'était au tour du casse-tête, qu'il faisait voltiger à droite
et à gauche jusqu'au moment où il croyait devoir fuir de nouveau ; alors, quand il avait réussi à mettre entre nous et lui une
distance d'une vingtaine de pas, il lançait à nos pieds une de
ses flèches et s'enfuyait encore.

Grâce à ce petit divertissement nous arrivâmes sans peine
au tiers de la pente. En cet endroit le sentier était traversé
par un joli petit ruisseau qui coulait tranquillement sur un
gracieux lit de mousse. Nous nous arrêtâmes près de cette
source bienfaisante pour déjeuner ; Noki apporta son igname,
Thiéry sortit de sa poche notre demi-livre de pain, et un peu
plus tard nous repartions, je ne dirai pas parfaitement restau-

rés, mais en état au moins de continuer notre excursion.

En suivant le cours du ruisseau, nous atteignîmes une chute d'eau de 50 pieds environ qui, partant du cœur de la montagne, tombait dans un ravin profond, où, devenue torrent, elle coulait à travers des blocs de différentes formes d'une substance jaunâtre non métalloïde qui paraît devoir être un sulfure de zinc.

Sur les bords de cette gorge, la végétation avait partout un air de vigueur qu'elle n'a pas sur l'autre versant. Pendant un mille environ, nous longeâmes une forêt d'où j'aperçus des arbres d'un très-fort échantillon ; les indigènes m'en montraient de 30 pieds de hauteur, sur au moins 40 centimètres d'équarrissage, qui servent, me dirent-ils, à la construction des pirogues. J'ai compté jusqu'à sept espèces différentes appartenant aux essences dures. Après une heure de marche nous arrivâmes au pied de la montagne.

Nous avions devant nous un espace circulaire de 1 mille $\frac{1}{2}$ de diamètre, entouré de tous côtés de montagnes disposées comme les parois d'un cratère. La nature, en cet endroit, est affreuse à voir. Ici ce sont des amas, de plus de 100 pieds d'élévation, d'un minerai de fer d'un brun foncé, d'un grain régulier (*siliceo calcaire*) ; plus loin on se heurte contre des blocs énormes du sulfure qu'on trouve depuis la chute d'eau, ou bien ce sont des gouffres où il faudrait jeter des montagnes, et des troncs d'arbres à demi pétrifiés, sans une branche pour dire depuis combien de temps le torrent les a arrachés à leur terre natale. Du reste, pas un brin d'herbe, pas le plus petit endroit où l'œil puisse se reposer de la triste monotonie de ce chaos ! Nous pressâmes le pas et, après avoir franchi au Nord un des bords de ce vaste entonnoir, nous aperçûmes enfin la baie, que nous convoitions depuis la veille.

En quelques minutes nous fûmes sur la plage ; il était midi. Nous n'étions pas en retard, puisque M. Pouthier ne devait repartir que le soir pour le bord ; aussi, en ne voyant pas le canot, nous supposâmes qu'il était à explorer l'entrée, et nous ne nous en inquiétâmes pas davantage.

La baie de Kouaoua n'a guère que 1 mille $\frac{1}{2}$ de profondeur de l'Est à l'Ouest ; mais elle fait un coude au Sud de l'entrée et s'étend à 2 milles environ dans cette direction, et offre un très-bon abri contre les vents d'Est.

Nous aperçûmes dans le S. O. un village assez considérable, mais nous ne pûmes jamais déterminer nos guides à nous y conduire. Cependant la faim nous pressait, et, après avoir inutilement essayé de manger des huîtres que nous trouvâmes en abondance sur le sable, nous prîmes, en tournant la baie, le chemin de l'entrée, espérant nous rapprocher de nos camarades.

La mer montait, et comme de ce côté elle vient mourir au pied de la montagne, force nous fut de marcher avec précaution, en avançant de roche en roche. Nos naturels, qui commençaient à craindre que nous les eussions trompés en leur parlant d'un canot imaginaire, n'étaient pas rassurés ; ils parlaient de retourner à Nocoloboua, et j'allais peut-être leur céder, quand nous fîmes la rencontre d'un habitant de la baie. Cet indigène nous dit que le canot était parti le matin, mais que l'aliki (chef) avait annoncé qu'il reviendrait vers midi. Pour nous convaincre de ce qu'il avançait, il parla de canards que les étrangers avaient tués et nous montra en effet des monceaux de plumes près de l'endroit où Pouthier et ses canotiers avaient dû camper. Notre donneur de nouvelles voulut nous entraîner avec lui, mais le brave Noki lui-même s'opposa à ce projet, et, après avoir pris un tison embrasé qu'il portait, nous le quittâmes pour continuer notre route.

À la nuit nous étions arrêtés dans une petite baie de sable située à deux encablures de l'entrée ; nous avions fait en vain environ 4 milles de circuit, le canot ne paraissait pas : le naturel nous avait trompés.

Nous ne nous sentions pas de force à retourner d'où nous venions, et du reste la nuit, qui approchait, eût rendu ce projet impraticable. Nous pensâmes que le plus sûr était de nous établir où nous étions ; nos indigènes furent ravis de cette résolution, et Noki s'empressa de choisir le lieu le plus propre à notre campement.

Popo fit du feu et nous nous assîmes auprès. Pendant que les noirs s'empressaient de cueillir des cocos qui devaient remplacer le somptueux repas dont l'image appétissante nous avait contenus tout le jour, je jetai un regard de compassion sur nos pauvres vêtements, que plusieurs chutes sur les roches glissantes de la côte et nos courses à travers la montagne avaient mis dans un état déplorable. Ma veste avait peu souffert, je n'avais perdu qu'une manche ; mais mon pantalon n'était plus qu'un vêtement sans nom dans notre langue.

Il était difficile de passer la nuit dans cet état voisin de la nudité ; j'avisai un cocotier d'où pendait l'enveloppe de la pousse de l'année et je m'en fis à l'aide de la corde du couteau de Thiéry, des espèces de guêtres fort curieuses. J'avais sans doute l'air très-Robinson sous ce costume; mais je pouvais braver les moustiques et le froid, je n'avais pas le droit d'en demander davantage.

Après notre frugal repas, nous nous arrangeâmes de notre mieux pour dormir. Comme Noki ne se couchait pas, j'en demandai la raison à son camarade, qui me répondit qu'ils étaient convenus de veiller tour à tour, pour éviter toute surprise de la part des naturels de la baie. A ce propos, il nous recommanda de nous assurer si nos fusils étaient en bon état, et nous engagea à les avoir sous la main. Persuadés que nos guerriers veilleraient sur nous, nous ne tardâmes pas à nous endormir, et, pour ma part, je ne me réveillai pas de la nuit. Thiéry, qui n'avait pu en faire autant, me dit qu'il avait toujours vu un de mes deux naturels en sentinelle sur la plage. Au point du jour, nous tînmes conseil pour savoir quelle route il nous fallait prendre, et il fut décidé que, malgré la difficulté, nous suivrions la côte. Nous n'avions pas fait 2 milles, que nous éprouvâmes un poignant désappointement. Après avoir doublé la première pointe, nous aperçûmes une baie de 2 milles de profondeur, et il nous fallait encore faire 6 milles pour n'être qu'à l'entrée du port de Kanala ! Après avoir maudit ce fâcheux contre-temps, nous poussâmes en avant. Du reste, la plage était sablonneuse et nous avancions plus facilement. Au fond de la baie, nous découvrîmes une hutte, et, au moment où nous allions pénétrer dans l'intérieur, nous vîmes venir à nous un vieillard et son fils.

Ils rentraient de la pêche et tenaient à la main un petit mulet et un crabe ; mon premier mouvement fut de me jeter sur cette proie ; mais songeant qu'elle pouvait m'être disputée, j'offris bien vite mon mouchoir en échange. Ce premier marché fait, je donnai un collier de verre pour deux ignames que l'enfant avait dans un panier, et nous convînmes que nous déjeunerions près du premier ruisseau qui s'offrirait à nous.

Je chargeai Popo de demander au vieillard s'il ne connaissait pas quelque sentier qui put nous mener à Kanala : « Vous y serez en très-peu de temps, en prenant par la montagne, » répondit-il.

Effectivement, au premier coup d'œil, ce chemin devait raccourcir considérablement la route, puisqu'il évitait le contour de la pointe et nous menait tout droit de l'autre côté.

Tranquillisés par l'assurance qu'on nous donnait de notre prochaine arrivée, nous ne pensâmes plus qu'à faire notre repas qui, comme on le pense bien, ne fut pas long.

A onze heures, nous entreprîmes de gravir la montagne, et ce ne fut que vers midi que nous atteignîmes le sommet; nous étions alors sur un plateau qui s'étend presque sur toute la chaîne de la montagne à l'O. de l'entrée, et n'a pas moins de 1 mille de large. Cet espace, couvert d'une épaisse couche de fer oxydulé dont on aperçoit des amas considérables, présente un aspect désolé. Aveuglés par la poussière que soulevait sous nos pas une brise assez fraîche, nous préférâmes descendre sur la plage, et nous prîmes le premier sentier qui eut l'air de nous y conduire.

Tout alla bien jusque-là, mais nous ne tardâmes pas à trouver des baies accessoires qu'il nous fallut contourner, et nous commençâmes à désespérer d'arriver ce soir-là.

A six heures, nous n'apercevions pas encore la corvette. La mer haute battant le pied des roches, nous força à prendre à mi-côte et nous ne pûmes avancer qu'en nous cramponnant à chaque aspérité. Un moment, je crus que j'allai tomber, tout tournait autour de moi, je me sentis pris d'un tremblement nerveux. Thiéry était heureusement à quelques pas de là, je l'appelai et il vint à mon secours. Pour comble de malheur, une petite pluie fine commençait à tomber ; après 1 mille de ce chemin difficile, je renonçai à aller plus loin. Mon compagnon qui croyait la corvette très-près de nous, me demanda la permission de continuer, dans l'espoir de se faire entendre en tirant des coups de fusil; je le laissai partir et demeurai avec Noki.

Mon premier soin fut d'envoyer mon noir chercher du bois. Agile comme un singe, il gravit en un instant la distance qui nous séparait du sommet et revint bientôt avec une charge de combustible; mais l'essentiel nous manquait, nous n'avions pas de feu : j'essayai en vain d'en faire avec mon fusil.

La nuit était trop sombre pour espérer qu'on pût nous secourir; il ne nous restait qu'à nous disposer à la passer le moins mal possible! Noki enleva son turban en calicot dont il se fit une couverture, et il se coucha de tout son long sur une roche. Pour moi, je m'accroupis, le dos appuyé sur un bloc de granit qui suait l'eau, et je mis sur moi le bois que mon fidèle guide m'avait apporté.

Le lendemain, le canot major qui allait relever des signaux, me trouva dans cette triste position, j'étais brisé et je sentais des douleurs partout le corps; mais, le plus étonnant, c'est que j'avais dormi malgré une pluie constante, et je me souviens même que mon sommeil m'avait procuré des rêves délicieux.

Nos matelots me donnèrent l'un un pantalon, l'autre une chemise; Noki s'enveloppa dans le tapis du canot, et après avoir dévoré une galette de biscuit, j'atteignis la corvette le 11, à huit heures, après une absence de trois jours.

Déjà des bruits étranges avaient couru sur mon compte. Je trouvai M. d'Harcourt et mes camarades fort inquiets, et j'oubliai mes fatigues pour me mettre à l'unisson de la joie que causa mon retour.

Thiéry avait été ramassé par le petit canot; mais, moins heureux que moi, il dut entrer à l'hôpital à son arrivée à bord.

Vers trois heures, nous quittâmes Kanala et nous fîmes route pour Kouaoua, où nous mouillâmes à la nuit.

## *Kouaoua.*

Je connaissais à merveille la partie du Sud de la baie, je me gardai pendant notre relâche d'y mettre les pieds, et je me mis à explorer les autres côtés. Au fond, à l'Ouest, une large rivière donne accès dans le pays; ce fut par là que j'entrepris de pénétrer dans l'intérieur.

Entraîné par les courants, le sable forme à l'entrée une espèce de barre que franchissaient difficilement nos embarcations à mer basse; mais, à la marée haute, notre grand canot avec son armement pouvait monter assez haut pour remplir nos futailles qu'il ramenait à la remorque. Le plus souvent, en compagnie du docteur, je m'enfonçais dans le labyrinthe que forment les massifs de mangliers qui, là comme à Kanala, divisent la rivière en plusieurs canaux. Parfois nous rencontrions des naturels qui s'offraient de nous passer dans leurs pirogues d'un massif à l'autre.

Le roi de la baie, dont j'ai oublié le nom, était un jeune homme de 20 à 25 ans; grâce à une année de navigation sur un baleinier américain, il savait tout juste assez d'anglais pour nous demander du tabac, du biscuit et du grog.

La première fois qu'il me vit, il refusa de me vendre un casse-tête que je convoitais, et il me l'offrit en présent; on voit qu'il avait le sentiment de sa dignité.

La plaine sur laquelle règne ce jeune souverain est moins grande que celle que j'ai décrite lors de ma visite à Nocolaboua, mais la végétation y est aussi riche et offre les mêmes avantages au point de vue des communications.

Nous estimâmes alors la population à 1,000 individus éparpillés sur un vaste terrain. Le seul village un peu considérable est au Sud de l'entrée de la rivière et compte à peine vingt cases. Les indigènes qui l'habitent sont tous pêcheurs et nous vîmes une douzaine de pirogues doubles mouillées à quelque distance, ou mises à sec. De chaque côté de l'entrée, la plage est couverte de débris de coquilles de toutes espèces; mais nous ne pûmes jamais décider les naturels à nous en pêcher. Nous augmentâmes cependant notre collection de deux espèces de turbots à bouche d'or et d'argent et de quelques œufs de léda.

Avant de partir, nous voulûmes connaître le pays qui nous cachait la montagne à l'O. de l'entrée, et, le 18 au matin, nous partîmes pour cette excursion. Arrivés sur la crête, nous reçûmes une averse tellement violente, que nous fûmes sur le point de rebrousser chemin; nous tînmes bon pourtant et bien nous en prit, car, une heure plus tard, nous avions un soleil magnifique. A nos pieds, nous découvrîmes une baie luxuriante de végétation comme elles le sont toutes sur cette côte; mais, au delà, notre vue fut arrêtée par les montagnes qui l'entourent; dans l'intérieur, le même obstacle nous empêchait de rien voir.

La montagne où nous avions placé notre observatoire est composée de roches schisteuses d'un vert très-pâle, mêlées à de l'argile rouge. Dans des blocs que nous séparâmes, nous découvrîmes des débris de plantes et d'arbres en très-grandes quantités.

Nous ne trouvâmes dans la baie qu'une case inhabitée; cependant le terrain était planté en patates douces et en bananiers.

Au pied de la montagne, nous trouvâmes de nombreuses fougères arborescentes, et le sol nous parut également schisteux.

Cette petite baie a aussi sa rivière et ses mangliers; mais une pirogue un peu lourde ne pourrait même pas remonter ce petit cours d'eau jusqu'à la case qui n'est pas à cent pas du rivage.

Grâce à la marée basse, nous pûmes contourner la pointe N. O. et nous arrivâmes le soir à bord.

Nous devions partir le 19, mais une pluie torrentielle, qui entraîna dans la baie une énorme quantité de terre argileuse, rendit notre appareillage impossible et le commandant le remit au lendemain. Ce jour-là fut entièrement perdu pour moi. L'après-midi, MM. Texereau et Boch, qui n'étaient pas encore descendus, se firent mettre à l'entrée de la rivière avec Devarenne auquel ses travaux laissaient un moment de répit.

Arrêtés bientôt par un massif de mangliers, nos promeneurs se séparèrent pour chercher un chemin. Boch et Devarenne prirent à droite et Texereau à gauche. Le soir, ils nous revinrent dans un état déplorable. Nous les pressâmes de questions et ils nous avouèrent qu'ils avaient traversé la rivière à la nage pour rejoindre le canot.

Quant à M. Texereau, son aventure était loin d'être aussi prosaïque. Lui aussi, il avait trouvé un indigène complaisant, et, grâce à son aide, il était arrivé près d'un village. Des femmes dansaient. Bien innocemment, il assista à une de leurs danses que je me garderai de décrire, car elle consiste à montrer une partie du corps qu'en gens bien élevés nous cachons tous, du mieux que nous pouvons.

Comme il revenait en songeant à ce qu'il avait vu, un naturel s'était précipité sur lui une hache à la main en faisant mine de la lui jeter. Ce barbare répétait à plaisir *piengou, piengou*, et comme c'est le nom de la danse que notre ami venait de voir exécuter, il comprit qu'on lui faisait un crime d'avoir été témoin de cette saturnale. Quoiqu'il fût sans armes contre ce féroce ennemi qui semblait prêt à le massacrer, M. Texereau pensant que son sang-froid pouvait seul le sauver, et appelant à son secours toute son énergie, s'était arrêté, et, regardant fixément l'indigène, il avait par ses gestes essayé de se justifier. Le sauvage s'attendait sans doute à trouver une victime craintive; en voyant l'assurance de notre second, son arme s'était baissée, et il était parti. Une fois seul, M. Texereau qui n'avait plus de courage à déployer, pensa que le plus prudent était de fuir, et pour arriver plus tôt près de quelques-uns de nos hommes, il s'était jeté à la nage.

Le climat est si doux dans la Nouvelle-Calédonie, qu'aucun de nos imprudents ne se ressentit de cette course en rivière.

Le lendemain, 21 novembre, nous quittâmes Kouaoua pour nous rendre à Hienguiène, emportant les plans de ce port et celui de Kanala dressés par MM. Pouthier et Devarenne.

Il faut avoir fait comme nous cette navigation entre les récifs pour en connaître tout le charme.

La corvette, poussée doucement par une faible brise, s'avançait lentement sur cette mer paisible.

A l'O., nous avions la grande terre avec sa tête montagneuse découpée à chaque instant par ses mille baies que les cocotiers rendent si gracieuses; à l'E., le récif avec son écume blanche, miroitant au soleil, et ses petits îlots semés çà et là comme d'élégants dessins de cette splendide écharpe. Enfin, pour que rien ne manquât au pittoresque de notre situation, des têtes de corail se dressaient tout à coup sous le plomb de nos sondeurs, et donnaient à nos mouvements je ne sais quoi de capricieux, en harmonie avec la nature qui nous entourait.

Chaque soir, au coucher du soleil, nous nous arrêtions pour recommencer le lendemain au jour, et tout cela se faisait sans bruit, comme si chacun se trouvait heureux de cette vie toute d'émotions.

Le 22, en voulant éviter un banc qui nous barrait brusquement le passage, nous nous élevâmes à l'E. et nous nous surprîmes un instant en dehors des récifs.

M. Devarenne fut tout de suite expédié pour trouver un passage qui nous permît de rentrer.

Il faisait nuit, quand notre camarade revînt; nous nous élevâmes au large et nous restâmes jusqu'au jour dehors. Le lendemain 23, nous reprîmes notre route accoutumée en traversant une coupure du récif où nous trouvâmes fond à 4 brasses $^1/_2$. Nous pûmes passer tranquillement cette nuit à l'ancre, et, le lendemain 24, nous étions à Hienguiène.

De Kouaoua à Hienguiène, on trouve très-peu d'arbres, si ce n'est sur le bord de la mer dans les baies. Les crêtes sont recouvertes de broussailles. En quelques endroits, le terrain plat s'étend à plusieurs milles et paraît des plus fertiles. Il y a aussi quelques pointes de terre qui s'avancent isolément au large; elles sont couvertes de cocotiers qui offrent un coup d'œil fort curieux.

Nous vîmes souvent des cases isolées, mais nous ne remarquâmes qu'un village, encore était-il fort peu habité.

## HIENGUIÈNE.

Hienguiène n'est pas un port, c'est une rade foraine, et autant vaudrait mouiller dans toute autre partie du canal; mais c'est le centre d'une nombreuse population indigène.

L'aspect de la baie est très-pittoresque. Au S., sur le premier plan, un rideau de roches basaltiques, d'une haute dimension, coupe le paysage, et présente un spectacle digne d'attention. On dirait une cathédrale gothique, et l'illusion est si grande que des navigateurs ont donné le nom de Tours-Notre-Dame aux roches les plus avancées. Au fond on aperçoit un mamelon au pied duquel est construit un village d'une cinquantaine de cases; au N., derrière une énorme butte de roches schisteuses et d'argile, on devine l'entrée d'une baie secondaire qui a quelques milles d'étendue, mais pas assez d'eau pour des embarcations un peu fortes.

De chaque côté du mamelon du fond, il y a deux bras de rivière d'une dizaine de mètres de large, dont les bords ne manquent pas d'intérêt. L'aiguade est auprès du village. En hiver on peut faire l'eau des embarcations; mais, quand nous y fûmes, on était obligé de mouiller la chaloupe à une encablure de terre et des hommes portaient les barils à bras.

La tribu de Hienguiène obéit au chef Bonérate, l'homme le plus féroce de toute la Calédonie. Son peuple, qui s'élève à environ 2,000 individus, est composé d'une infinité d'éléments. Il a sous ses ordres plusieurs tribus de la grande terre, et aussi des naturels des îles voisines, et il possède 4 villages dans un rayon de quelques milles. Le village de la baie est habité par les gens d'Uvéa et de Lifou; les Calédoniens étrangers à la tribu demeurent dans la baie du Nord, et la tribu elle-même est partagée entre deux villages au pied de l'entrée, derrière les rochers basaltiques.

Bonérate a sa case isolée au milieu d'un massif d'arbres au-dessus de celles des Uvéas. Ce scélérat a, devant sa demeure, 1 mètre cube environ d'os humains, seuls restes des victimes qu'il a sacrifiées à ses appétits sanguinaires.

Il n'y avait pas dix minutes que nous étions mouillés que les eaux solitaires de la baie prirent tout à coup un aspect des plus animés: c'étaient 3 ou 400 indigènes qui venaient à la nage voir le *vaca poupalé* (bateau étranger).

Presque tous les visiteurs tenaient une main hors de l'eau

soutenant, celui-ci un bambou, celui-là un régime de coco, cet autre des bananes, et ce marché flottant offrait le plus singulier coup d'œil.

Quelques-uns moins sûrs d'eux-mêmes, ou plus jeunes que les autres, poussaient devant eux des troncs d'arbres sur lesquels ils posaient leurs provisions; mais c'était le petit nombre; les femmes elles-mêmes dédaignaient d'avoir recours à un auxiliaire qui aurait trahi leur faiblesse. Nous pûmes jouir de ce spectacle pendant plusieurs heures, sans que ceux qui nous le donnaient parussent fatigués. Quand un de nos hommes avait échangé une galette de biscuit contre un objet quelconque, l'heureux insulaire, qui s'était hissé jusqu'au sabord pour donner sa marchandise, se laissait retomber, et, aussi glouton qu'un albatros, il s'en allait à terre dévorant son biscuit tout imprégné d'eau de mer.

Après le souper de l'équipage, les mousses s'amusèrent à jeter par les sabords les restes des tables, et c'était plaisir à voir avec quelle voracité cette peuplade d'hommes-poissons se précipita sur cette proie comme une nuée d'oiseaux plongeurs. Ces petits diables avaient malicieusement mêlé aux débris du biscuit des os et du charbon de terre qui trompaient l'appétit de ceux qui s'y laissaient prendre, et leur faisaient proférer les cris les plus sauvages.

Le frère Jean avait habité Hienguiène avec Mgr d'Amata; il nous offrit de nous faire voir l'ancienne habitation des pères, et à la nuit nous l'accompagnâmes.

A notre arrivée sur la plage, les indigènes nous entourèrent et *Lé Jean*, comme ils l'appelaient, fut l'objet de l'attention générale. Bientôt le bruit de notre présence arriva jusqu'à Bonérate, qui vint lui-même au-devant du frère.

C'était un homme de 30 à 35 ans; il portait un paletot sac en toile, à carreaux blancs et noirs, et ses cheveux étaient épars sur sa tête. Son extérieur était grave et son parler doux. On devinait cependant sous cette douceur affectée de sa langue une volonté de fer, et, à quelques ordres qu'il donna, nous vîmes les indigènes qui l'entouraient obéir avec une promptitude qui justifia nos observations.

Bonérate nous mena aux cases qu'il avait données aux missionnaires, et qui étaient inoccupées.

« Tu vois, dit-il au frère, que picopo peut revenir; sa case
« l'attend, et je lui donnerai autant de terres qu'il en voudra;
« pourquoi nous a-t-il quittés, nous l'aimions tant! »

7

Or il est bon de dire que voici comment Mgr Douare avait quitté Hienguiène.

Depuis longtemps, Bonérate, le bon, l'excellent Bonérate, qui avait toujours eu un faible pour le digne pasteur, projetait de le surprendre, et après avoir pillé la mission, il avait l'intention de massacrer les pères, et de joindre leurs restes à ceux qui ornaient le devant de sa case. Enfin, un jour qu'il se sentit pris d'une recrudescence d'affection pour ses bons amis, il décida, avec ses fidèles, qu'aussitôt le départ d'une goëlette de la mission qui se trouvait sur rade, il donnerait le signal du massacre.

Grâce au ciel, Monseigneur, qui savait les projets de son hôte, était sur ses gardes, et ne tarda pas à connaître le sort qu'on lui réservait. Le départ du bâtiment était fixé au lendemain; il invita Bonérate à l'accompagner à bord pour y déjeuner avec le capitaine. Dès qu'ils furent sur le pont, les embarcations partirent pour opérer le déménagement de la mission. Après déjeuner, Bonérate, en voyant tous ces préparatifs, en demanda l'explication à picopo. « Je te quitte, » répondit celui-ci. Terrifié par cet aveu, le sauvage essaya de rattraper sa proie ; mais prières, menaces, promesses, tout fut inutile, et Monseigneur ne le laissa libre de retourner dans sa pirogue que lorsque la goëlette fut en appareillage. Ainsi son projet de crime ne lui servit qu'à hâter le départ de son bienfaiteur? Notre visite se termina par des présents que le frère fit à Bonérate, et qu'il s'empressa de cacher ; peut-être pour laisser ignorer à ses sujets qu'il voulait entrer en arrangement avec picopo.

Le lendemain, il y eut exercice à boulets à bord. Quoique le commandant eût refusé de recevoir officiellement Bonérate, il fut convenu qu'on le laisserait monter comme un simple curieux, et qu'on le mettrait à même de juger de la puissance de notre artillerie. Le blanc était établi sur la butte, au N., de façon à ce que les naturels vissent bien l'effet des boulets.

Au premier coup de canon, quoique le frère les eût avertis de notre intention, M. Quillebœuf, qui était avec la chaloupe à faire de l'eau, vit sortir de toutes les cases des naturels armés, qui avaient l'air très-agité.

Cependant ils se rassurèrent, et la curiosité faisant place à tout autre sentiment, ils accoururent à bord.

La corvette présenta bientôt un coup d'œil des plus nouveaux. Plus de 300 indigènes, les uns accroupis sur les bastingages les autres sur le pont, la tête aux sabords, suivaient avec curiosité la marche des boulets jusqu'au but qu'ils atteignaient chaque fois.

Au bruit de la pièce, les plus braves se jetaient la face contre terre ou se couvraient les oreilles de leurs mains; mais, quand en arrivant, le boulet produisait quelque éboulement, ou défonçait un tonneau, alors, c'était des cris de joie qui auraient couvert le bruit de nos canons.

J'ignore si c'est à cet exercice à feu que nous devons l'effet produit sur les indigènes, mais pendant trois jours que nous restâmes à Hienguiène, ils ne nous dérobèrent rien, quoique le youyou restât des heures entières sous la garde de deux novices. Moins heureux que nous, le commandant de la corvette de Sa Majesté britannique la *Fly*, qui nous avait précédés dans ces parages, s'était vu enlever une manche à eau et des pavillons.

Après notre canon, notre tambour fit une impression très-vive sur les indigènes ; il descendit deux ou trois fois pour étudier, et à chaque occasion il se vit entouré d'une foule nombreuse de curieux qui se frappaient les cuisses d'admiration pour ses *ra* et ses *fla*.

Dans mes courses vers le S., j'ai trouvé des calcaires et, entre autres, un marbre blanc dont on pourrait, je crois, tirer grand parti. Vers le N., ce sont les granits et les schistes qui abondent.

L'intention du commandant étant de poursuivre sa route dans les récifs jusqu'au Nord de la Calédonie, nous embarquâmes, en qualité de pilote, un anglais résidant à Hienguiène qui nous dit connaître ces parages. Marié dans le pays à une femme indigène, fille d'un homme puissant, il fut aisé à Hollies, c'était le nom de cet homme, de trouver cinq naturels pour l'armement de sa baleinière, et après avoir mis son embarcation sur le pont, et fait embarquer ses hommes, nous appareillâmes le 27 novembre pour nous rendre à Balade.

A 10 milles au plus de Hienguiène, la brise nous manqua tout à coup, et force fut de mouiller. La corvette se trouvait alors dans un passsage d'une encablure de large au plus, et par moment nous étions allés si près du récif, qu'on eût dit que les naturels qui pêchaient pouvaient monter à bord.

Désireux de ne pas manquer une occasion de compléter mon travail d'exploration, je priai le lieutenant de me faire mettre à terre, et je descendis dans le youyou en compagnie du frère Jean et du docteur.

Après une course des plus intéressantes, dans laquelle nous recueillîmes des renseignements précieux sur des gisements aurifères, nous rejoignîmes le youyou. Nous apprîmes alors que nous venions de courir un véritable danger. Peu de temps après notre départ, notre patron s'était vu environné de naturels qui avaient essayé de lui voler, d'abord son tapis, puis un de ses avirons. Les patrons, en général, tiennent énormément à leur matériel; mais Condein était fanatique de ce qu'il regardait comme sa propriété, et les choses, avec lui, devaient prendre un caractère très-grave. Il essaya d'abord de prendre son bien, et ce furent alors entre lui et le plus osé des naturels des à toi et des à moi qui n'aboutirent pas a convaincre l'entêté Condein qu'il devait avoir le dessous. Nous étions trop loin pour l'entendre; d'autres naturels, d'abord spectateurs, faisaient mine d'aider leur camarade; l'enfant lâche tout à coup son tapis, et sautant sur mon fusil, que j'avais laissé sur un des bancs, il couche en joue le Calédonien, et comme celui-ci ne comprend pas tout de suite où il veut en venir, il lâche la détente...

Grâce au ciel le coup ne partit pas! Si par malheur notre patron eût tué cet homme, c'en était fait de nous qui, hors d'état de nous défendre, avec notre pioche, eussions été massacrés sous les yeux de la corvette.

En apprenant les détails de cette petite scène, de la bouche du principal acteur, nous lui fîmes comprendre à quoi il avait failli nous exposer, mais nous ne pûmes lui persuader que son tapis ne valait pas la mort d'un homme.

Le lendemain on débarqua les embarcations qui nous remorquèrent l'espace de 1 mille pour nous sortir du passage étroit que nous avions à franchir.

Le soir nous aperçûmes le port de Balade.

De Hienguiène à Balade, le pays est plus boisé; il y a, nous dit le frère Jean, une forêt qui s'étend jusqu'à Ponibo, et d'où les pères ont tiré, en 1842, de fort belles pièces de bois.

Du reste, la crête est étroite, et les baies sont moins nombreuses que de Kanala à Hienguiène.

La route de Ponibo à Balade offre quelques bas-fonds et des marécages. C'est à Ponibo que se fabriquent les seules poteries que l'on voit en Calédonie; ce sont de grands vases qui servent à cuire les patates douces, les écorces de *bourao* et les *taros*.

Le siége de la mission française a été quelque temps à Ponibo; mais les naturels se montrèrent bientôt hostiles aux pères qui eurent à souffrir de leurs attaques.

La corvette la *Brillante* fit, à ce sujet, une expédition sans profit, lors de son passage dans cette île.

C'est en face de Ponibo que s'est perdue la corvette la *Seine* en 1845.

## BALADE. — COUMAC.

### *Expédition combinée de Devarenne et de moi.*

Le 29 novembre 1850, à dix heures du matin, l'*Alcmène* mouillait sur la rade de Balade. La brise était fraîche et en voulant affourcher sous voiles, une de nos chaînes fila par le bout ; c'était le premier accident de cette périlleuse campagne.

Jusqu'alors, les navigateurs, qui avaient précédé le comte d'Harcourt, n'avaient pas cru devoir remonter la côte de la Nouvelle-Calédonie jusqu'à son extrémité Nord et s'étaient contentés de faire explorer cette partie par des embarcations qui, de Boulabio, étaient revenues sans pouvoir rien affirmer. C'était une question trop intéressante pour l'avenir du pays pour ne pas l'approfondir ; aussi, nous étions à peine mouillés, que Devarenne fut appelé chez le commandant qui lui donna l'ordre de partir dans son canot pour éclairer la marche de la corvette, et s'assurer s'il n'existait pas dans les récifs au N. de l'île une coupure qui permît d'en sortir.

Notre jeune ami fut enchanté de cette mission. Au début de sa carrière, il voyait le plus cher de ses vœux près de se réaliser ; en plein dix-neuvième siècle, il allait pouvoir attacher son nom à une découverte ; comment sa jeune imagination ne se serait-elle pas enflammée ? comment aurait-il pu penser aux difficultés qu'il devait rencontrer.

En sortant de chez le commandant, il vint nous annoncer ce qu'il appelait sa bonne fortune ; nous le félicitâmes, et, quoiqu'il ne vînt à aucun de nous l'idée qu'il pût courir le moindre danger, nous l'engageâmes à se défier des naturels. « Oh pour « ceux-là, nous dit-il, je ne les crains pas ; s'ils s'avisent de « venir me chercher querelle à la mer, je veux en avoir raison « avec les bancs du canot. » Cependant, il nous promit de se tenir sur ses gardes et il se mit à tout disposer pour son exploration.

Le lieutenant avait de son côté reçu des ordres ; le canot

devait être prêt à pousser du bord aussitôt le diner de l'équipage.

Vers midi je fus appelé à mon tour chez M. d'Harcourt. « Vous savez, sans doute, me dit-il, que M. Devarenne va par- « tir; il doit être le 4 à la *Pointe-Tonnerre*; je désire que vous « vous y rendiez par terre. Vous pourrez emmener avec vous « un homme de l'équipage, et le frère Jean se chargera de vous « procurer des guides. J'espère qu'il ne vous arrivera rien de « fâcheux; mais, soyez sûr que si, par hasad, vous ne reven- « niez pas avec M. Devarenne, j'irais vous chercher moi- « même. »

Je remerciai le commandant de l'intérêt qu'il me manifestait, et je le saluai en lui promettant de partir le lendemain au jour.

Au premier abord, mes camarades ne voulurent pas croire à mon départ. Devarenne, lui-même, m'exprima ses craintes; mais, ma résolution était bien prise; je ne voulais pas manquer cette occasion de faire quelque chose d'utile pour mon avenir, et après avoir plaisanté sur la gloire qui m'attendait, dans cette course à travers un pays inconnu jusqu'alors, je leur dis que je partirais. Il fut convenu avec Devarenne qu'il ne quitterait le lieu de notre rendez-vous que le 4 au soir et que de mon côté, si j'arrivais plus tôt, je l'attendrais jusqu'à cette époque.

A une heure, le canot étant paré, nous embrassâmes notre camarade, et il monta pour prendre les dernières instructions du commandant. « Allez, lui dit notre chef en lui serrant la main, découvrez un passage et nous le nommerons le détroit Devarenne. »

Quand nous le revîmes sur le pont, sa figure était rayonnante de joie; il nous redit les paroles de M. d'Harcourt, et, la gloire en perspective, il sauta dans le canot qui poussa aussitôt.

Nous étions tous dans les porte-haubans de tribord pour lui dire un dernier adieu; en se retournant il me fit un signe de la main et me cria : « le 4 à la Pointe-Tonnerre! » Ce furent ses dernières paroles.

La petite expédition qu'il commandait se composait de M. de Saint-Phalle, aspirant de 2e classe, notre jeune camarade, du deuxième maître de timonerie Perrod, du patron Videau et de 10 canotiers : Lacoste, Gagneux, Bilbaud, Gontier, Clochard, Babin, Anthéaume, Laffitte, Lemarrec et Hervé. Il avait en outre avec lui le pilote anglais de Hienguiène, Hollies et un de ses Calédoniens. On ne pouvait partir dans de meilleures conditions, et en voyant tous ces hommes, dont le dévouement nous était si bien connu, la confiance de notre jeune ami nous gagna et nous dîmes avec lui qu'il n'avait rien à craindre. Ils emportaient pour se défendre au besoin, les officiers leurs sabres, les marins quatre mousquetons, quatre sabres et des munitions suffisantes. Le pilote avait encore un fusil et un pistolet de poche.

Dans l'après-midi, je m'occupai à mon tour de mes préparatifs, et, après bien des difficultés, je trouvai, grâce au frère Jean, deux indigènes de la baie qui consentirent à m'accompagner.

L'un d'eux était une vieille connaissance du frère. Pendant le séjour de la mission à Balade, Damaléoné, dit le Blondin, n'avait jamais manqué l'occasion de tuer les cochons des pères, ce qui lui avait valu le surnom d'*aliki-ponaca* (chef des cochons). A part ce travers, c'était un excellent garçon à la figure ouverte, les cheveux au vent, fort comme un Turc et qui jurait de me suivre au bout du monde; enfin il parlait une langue intelligible pour moi; je ne pouvais, en vérité, rien désirer de mieux. Je l'acceptai, et dès cet instant il ne quitta plus le bord. Le second indigène, qui se nommait Mouchi, était loin de me plaire autant, mais Damaléoné ne voulait pas venir seul; je le pris également.

Il ne me restait plus qu'à choisir, dans l'équipage, un homme pour compagnon. Il n'en manquait pas qui seraient venus volontiers et sur lesquels j'aurais pu compter; mais je compris qu'il fallait fixer mon choix sur un de ceux dont l'absence ne pouvait nuire aux travaux du bord, et je demandai le fourrier Lemonnier, garçon intelligent, causeur infatigable et bon soldat.

Le lendemain 30 novembre, au point du jour, après avoir promis à mes amis de me tenir constamment sur mes gardes et pris congé du commandant, je quittai l'*Alcmène* en compagnie du docteur Proust et du frère Jean et suivi de ma petite escorte.

Dans le havre de Balade, comme à Hienguiène, on est mouillé en plein canal. La plage est nue et désolée, on ne voit partout qu'un sol recouvert d'une couche épaisse de sable, et depuis le bord de la mer jusqu'au sommet de la chaîne de montagnes qui ferme le tableau, on n'aperçoit que le *niaouli* (*Melaleuca Leucodendron* de Linné) dont l'écorce blanche et les feuilles allongées comme celles de nos saules contribuent encore à assombrir la scène. Ce n'est qu'en avançant vers le S. qu'on retrouve enfin une végétation vigoureuse. C'est là aussi, à l'entrée d'une vallée spacieuse, que les naturels ont construit leur village et que Mgr d'Amata avait placé sa mission. Abrité des vents du large par un rideau d'arbres, cet endroit semble jouir d'une température uniforme, et toutes les plantes d'Europe que les pères y ont implantées s'y sont fort bien acclimatées.

Comme le but de mon excursion était d'examiner les ressources du pays et d'estimer la population de cette partie de l'île, au lieu de suivre la côte, je pris par le village. J'avais, du reste, un autre motif qui me décidait à choisir cette route : il s'agissait de trouver le nom indigène de la Pointe-Tonnerre, pour que mes guides ne me menassent point ailleurs et, soit que Blondin l'ignorât, soit qu'il ne comprît pas ce que nous lui demandions, il n'avait jamais pu nous le dire.

Le frère s'adressa à un vieillard qui, avant de lui répondre, se mit à tracer sur le sable, au moyen d'une baguette, la carte du Nord de l'île, avec une très grande précision. Il nous cita, ensuite les tribus répandues sur la côte, mais il n'eut pas de nom pour la maudite pointe.

J'avais une boussole et une carte ; je ne pouvais manquer d'arriver au rendez-vous que m'avait donné Devarenne ; je n'insistai pas d'avantage ; mais, sur les indications que venait de me donner le vieillard, je changeai mon itinéraire. Il avait appuyé beaucoup sur la puissance d'un chef, Bonérate de la tribu des Nélaouanguines, habitant la côte Ouest. Je résolus de traverser l'île pour aller voir ce puissant monarque, et je l'annonçai à mes guides.

Ce Bonérate ne jouissait pas parmi les Baladiens d'une très-bonne réputation, car à cette nouvelle, Blondin fit mine de se tordre les entrailles, et il répéta plusieurs fois d'un air effrayé : Bonérate ! Bonérate ! et bientôt tout le village fit chœur avec lui. Cependant, après bien des discours, il se décida à me conduire, et nous partîmes.

Le sentier que nous suivions serpentait sur le flanc de la montagne que l'on aperçoit du mouillage et qu'il nous fallait franchir. Le sol semé de paillettes de mica, brillait sous nos pieds d'un éclat trompeur ; les plantes et les fleurs s'épanouissaient à l'aurore du jour naissant, tout dans la nature respirait le calme le plus parfait, et, soumis à cette douce influence, nous gravissions en silence notre rude chemin. A mesure que nous nous élevions, la végétation devenait plus rare, et sur les crêtes nous ne trouvâmes plus qu'une terre grise semée çà et là de blocs d'une pierre friable divisée en couches horizontales très-minces.

Loin, bien loin de nous, on voyait la corvette ses voiles largues, assise immobile au milieu de la baie de Balade entourée de sa riche bordure de récifs semblable à une frange argentée. Je jetai un dernier regard vers l'*Alcmène*. Je dis à la brise un mot d'amour pour la France, et confiant en Dieu, je repris ma route vers l'intérieur.

Blondin nous fit remarquer, en descendant dans la plaine, un monument d'une étrange simplicité. Il consistait en deux petits trous creusés très-près l'un de l'autre, à cent pas environ d'un petit arbrisseau de 20 centimètres de diamètre. « Il y a « dix mois, nous dit-il, un de nos chefs qui est maintenant « avec le père Rougeron à Foutouna (Wallis), a jeté sa lance « d'ici dans ce petit arbre et nous avons creusé ces trous « pour montrer où il s'était placé, et l'arbre est là-bas pour « dire où a été sa lance, car, dans toute l'île, on ne trouverait « pas un guerrier qui pût en faire autant. »

J'ignore si les compatriotes de cet habile archer conserveront longtemps le souvenir de son adresse, mais je crois qu'avec cent gaillards de cette force, la petite colonie catholique de l'évêque d'Amata pourrait braver les voisins les moins bien disposés.

A cent mètres du sommet, nous fîmes halte au bord d'un ruisseau dont nous trouvâmes l'eau excellente, et le frère profita de cet instant pour tuer à dix pas de nous une *caille* grasse à lard. Nos guides nous dirent qu'il y en avait beaucoup dans les environs.

A partir de ce moment, le pays s'offrit à nous sous l'aspect le plus attrayant. A nos pieds, nous avions une vaste plaine coupée par une rivière qui la traverse dans toute sa longueur et va se jeter dans la baie d'Arama, au loin, les montagnes de la côte Ouest au delà desquelles on apercevait la mer ; de tous côtés, les traces d'une végétation luxuriante, et sur la pente que nous descendions, une infinité de massifs de bois de fer et de figuiers de fortes dimensions.

Vers midi, nous atteignîmes un village nommé *Diaot* (rivière), du nom de la rivière qui coule à quelques pas des cases. Comme je faisais remarquer au frère que sur les cent indigènes qui composaient la population, on ne voyait qu'une dizaine de femmes, il m'apprit que Diaot était un poste avancé des Poumas, tribu de Balade, et que les guerriers qui l'habitaient avaient pour mission de surveiller les mouvements de leurs voisins de l'autre côté de la rivière.

Le plus court pour moi était de traverser l'eau en face du village et de couper en ligne droite vers Coumac, mais Blondin me signifia qu'il ne partirait qu'après avoir consulté le sorcier. D'après les conseils du frère, je me résignai à ce caprice, et j'attendis.

L'oracle qui était appelé à prononcer sur la route que j'avais à prendre cueillit gravement quelques brins d'herbe qu'il eut l'air de choisir avec précaution; puis il alla s'accroupir au coin d'une case et se mit à mâcher le tout en nous tournant le dos. Au bout de dix minutes il revint et nous annonça avec le plus grand calme que si nous passions de l'autre côté de l'eau nous serions attaqués et mangés.

Le frère Jean qui nous traduisit ces paroles, nous engagea à ne pas contraindre nos guides à passer outre, parce qu'ils nous quitteraient au premier détour. Je me rendis à son conseil et nous convînmes que Blondin nous conduirait ce soir-là chez Arama, chef de la tribu de ce nom, d'où nous partirions le lendemain pour Coumac. Après avoir pris congé du docteur et du frère, nous nous élevâmes vers le Nord en longeant la rivière pendant une dizaine de milles ; puis nous quittâmes la plaine pour gravir des terrains plus accidentés, mais non moins fertiles.

A chaque pas nous rencontrions des traces d'anciens établissements, mais pas une seule case n'était debout. A défaut d'hommes, nous eûmes à traverser des nuées de sauterelles dont les vols obscurcissaient l'air.

Quoique le territoire de la tribu ennemie que nous avions voulu éviter fût loin de s'étendre jusque-là, Blondin ne nous crut en sûreté que lorsque nous eûmes atteint l'embouchure de la rivière. Nous nous trouvions encore séparés du premier village d'Arama par un espace de plusieurs milles, et il nous restait à traverser deux bras de la rivière qui entourent en cet endroit l'îlot Pum qui masque son embouchure. Après nous avoir montré l'obstacle qu'il nous fallait surmonter, Blondin essaya de me persuader d'attendre au jour pour tenter le passage, mais mes heures étaient comptées ; je lui signifiai que je voulais aller coucher à Arama. Il revint à la charge en me

disant que, si par hasard je me noyais, il aurait grand mal au
ventre de la mort d'un aliki (chef) de ma sorte ; mais, voyant
que ma résolution était prise, il fit signe à Mouchi, et tous deux
s'occupèrent des moyens de nous passer. Nous nous trouvions
au milieu d'un bois de niaouli ; avec leurs doigts ils dépouillèrent quelques-uns de ces arbres de leur écorce qui s'enlève
par couches très-fortes jusqu'à deux pouces d'épaisseur, et,
après en avoir fait des ballons de 50 centimètres environ de
diamètre pour nos effets et pour nous, ils nous engagèrent à
les suivre. Malgré toute ma confiance en leur habileté, je ne
jugeai pas prudent de me hasarder à traverser plusieurs milles
à la nage avec d'aussi faibles moyens, et, après un instant de
réflexion, je demandai à Blondin si, dans les environs, il n'y
avait pas quelque village. Si fait, me répondit-il ; il y a tout
près d'ici Djari. Eh bien, allons à Djari, lui dis-je à la grande
satisfaction de tout le monde, et, après qu'il eût disposé en torches l'écorce qu'il avait arrachée dans un but si différent, nous
nous mîmes en route.

Il y avait devant nous une haute montagne ; abandonnant
tout à coup le bord de la rivière semé de mangliers qui auraient entravé notre marche, nous nous mîmes à gravir ce
malencontreux obstacle qui s'élevait juste entre Djari et nous.

La pente était roide pour des gens qui ne s'étaient pas reposés depuis le matin ; mais, soutenus par l'espoir d'arriver
bientôt, nous allions toujours. Nos guides s'avançaient silencieusement devant nous, portant chacun une torche dont la
lueur réfléchie par l'écorce blanche des niaoulis qui nous entouraient éclairait un large espace; le calme de la nuit n'était
troublé que par le bruit des cailloux qui roulaient sous nos
pieds çà et là à un détour de la route. Du milieu de roches
gigantesques, sombres comme des tombeaux, de petites mouches phosphorescentes s'élevaient dans l'air et disparaissaient, semblables à des âmes surprises par notre approche ;
et par instant des roussettes effrayées tournoyaient autour de
notre petite caravane ; tout contribuait à donner à notre marche un aspect fantastique. J'étais encore sous l'impression de
cette scène, quand, vers onze heures, Blondin me saisit le bras
en me faisant signe d'écouter ; je prêtai l'oreille et à grand'-
peine je saisis quelques sons bien faibles qui semblaient partir du pied de la montagne que nous descendions en cet
instant. Ce sont les gens de Djari qui ont vu nos feux, me dit
mon guide. et de son côté il se mit à crier à tue-tête, quoiqu'il

dût être bien certain qu'on ne l'entendrait pas. Cependant, à mesure que nous approchions, les sons devenaient plus distincts, et nous finîmes par reconnaître effectivement des voix humaines.

Nous pouvions être à cent pas de ceux qui conversaient avec nous ; alors Blondin nous dit d'arrêter, et il se fit un moment de silence. Bientôt une voix seule sembla nous interpeller, et à chaque question Blondin s'empressa de répondre aux mots : Balade, aliki (chef), Poupalé (étranger) et Coumac. Je compris qu'il expliquait qui nous étions et où nous allions. Quand la curiosité des gens de Djari fut satisfaite, le silence régna de nouveau. Je sus qu'on était allé prévenir le chef, et, pour lui faire honneur, nous tirâmes quelques coups de fusil en l'air. A chacune de nos décharges, les naturels répondaient par des exclamations de joie qui, allant avec les détonations se perdre d'écho en écho, produisaient un effet des plus imposants. L'orateur de Djari revint, et nous prîmes avec lui le chemin du village. Nous n'avions pas fait six pas, que nous tombâmes au beau milieu des sauvages ; protégés par l'obscurité, ils s'étaient insensiblement avancés jusqu'à nous qui, éclairés par nos torches, leur aurions offert un but certain s'il leur avait pris fantaisie de nous massacrer. Je promis de me rappeler cette faute à l'occasion, et je m'avançai sans crainte.

Nous avions devant nous tous les guerriers de Djari en grand costume de guerre, c'est-à-dire barbouillés de noir des pieds à la tête et armés de lances, de frondes et de casse-tête. A la clarté de nos torches, leur peau brillait de l'huile dont elle était enduite, et le blanc de leurs yeux tranchant avec éclat, leur donnait un aspect terrible qui n'avait rien de très-rassurant. Heureusement nous étions sous la protection de Blondin que tous ces farouches guerriers paraissaient connaître à merveille.

Je demandai le chef ; on me conduisit vers lui. Peu à peu nous eûmes à notre suite toute la population.

Djari est d'origine nouvelle ; ses habitants appartiennent à la tribu des Poumas. Dépouillés de leurs biens pendant les dernières guerres, ils sont venus chercher un refuge loin de leurs ennemis à la limite de leur tribu.

Placés à merveille sur un terrain arrosé suffisamment pour que leurs plantations croissent à plaisir, à deux pas des récifs qui, chaque jour, leur fournissent d'abondants coquillages, les émigrés de Djari ont vite oublié dans ce lieu fertile les champs qu'ils ont quittés, et leur village respire un air d'aisance que l'on est loin de rencontrer dans beaucoup d'établissements plus anciens.

Lors de ma visite à ces naturels, leur chef était à Foutouna avec le père Rougeron ; en partant, il avait laissé son pouvoir entre les mains d'un guerrier de sa famille. Prévenu de mon arrivée, celui-ci m'attendait devant sa case, entouré des guerriers les plus considérables après lui. C'était un homme de trente ans environ ; il portait les cheveux relevés sur la tête à la façon des Indiens du Canada et passés dans un bambou au-dessus duquel ils formaient une touffe.

Quand je l'approchai, il était gravement drapé dans une couverture qui lui donnait l'air maladif ; mais bientôt, d'un geste plein de dignité , il rejeta cette espèce de manteau puis, nu comme ses sujets, il fit un pas et prononça à mon intention un petit discours qui se termina par l'offre de sa case et le don d'un morceau de *tapa* (étoffe faite d'écorce d'arbre) qu'il me donna en signe de l'hospitalité qu'il m'offrait. Damaléoné me dit que c'était le moment de lui faire mon présent. Je lui offris un morceau de calicot rouge qui parut lui faire beaucoup de plaisir, et je me retirai dans la case qu'il m'avait donnée.

Pendant mon sommeil, Blondin me posa comme un chef considérable et mon ami Djari, qui avait appris par lui que j'étais des amis de *picopo oui oui* (l'évêque français), me fit mille prévenances et voulut lui-même me conduire chez Bonéone à Arama, et de là me suivre à Coumac. Enchanté des manières de mon hôte, j'acceptai ses offres avec empressement, et nous partîmes dans une de ses pirogues.

Quoique nous allassions à la voile, il nous fallut quelques heures pour traverser la baie d'Arama, et nous n'arrivâmes qu'à midi. En approchant du rivage, notre patron amena la voile, et les trois indigènes qui l'aidaient dans la manœuvre se servirent de perches pour nous faire avancer. Djari profita de ce moment pour m'annoncer à des indigènes qui pêchaient sur les récifs, et, prévenu par eux, Bonéone ne tarda pas à venir à ma rencontre.

Le chef d'Arama était entouré d'un peuple nombreux. Notre pirogue s'étant échouée à vingt pas de la plage, il s'avança dans l'eau pour me faire le discours d'usage et me donner la tapa de paix. Puis on m'apporta des présents que Blondin partagea en mon nom entre les gens de Djari, et, monté sur les épaules d'un Uvéa, qui paraissait être le premier ministre de Bonéone, je fus porté à terre où m'attendait le peuple. Lemonnier voyant qu'on l'oubliait, saisit le premier naturel qui se trouva à sa portée et me rejoignit aussitôt. Suivant l'usage, Bonéone me donna une case qu'il eut l'air d'évacuer pour moi, et je m'y installai.

On m'apprit que, la veille au soir, des gens de la tribu avaient vu un vaca poupalé (canot étranger), et Bonéone me dit qu'il avait fait porter des cocos à l'aliki (au chef), mais qu'il était reparti a l'arrivée de ses messagers. Je compris qu'il s'agissait de Devarenne et je le remerciai de son attention pour mon camarade.

La tribu d'Arama occupe tout le pays entre les crêtes des montagnes et la mer, depuis la baie d'Arama jusqu'à la pointe Nord de la grande terre et l'île Boulabio ; elle ne compte pas moins de 2,000 individus groupés dans trois villages dans un rayon de quelques milles. Cette tribu obéissait alors, comme je l'ai dit, à Bonéone, l'homme le plus laid de la Nouvelle-Calédonie. Son nez épaté, sa bouche énorme armée de deux rangées de dents aiguës, ses petits yeux à fleur de tête, la dépression de son front, tout, jusqu'à ses instincts gloutons, lui donnait une telle analogie avec un requin, que, d'un commun accord, la première fois qu'il vint à bord, tout le monde lui donna ce surnom. Ses membres grêles semblaient le soutenir à peine, et son corps était couvert d'ulcères repoussants. Fourbe, méchant, devant nous on le voyait ramper, et il n'approchait ses sujets que pour les gourmander, et cela d'une voix si discordante, avec des yeux tellement injectés de sang, qu'on devinait que la crainte de nous déplaire l'empêchait seule de se porter à quelque violence. L'Uvéa qui l'accompagnait paraissait exercer de l'empire sur lui. Pendant mon séjour dans la tribu, je fus certainement l'objet des prévenances de ce grand politique, qui essaya de me persuader que Mgr d'Amata ne pouvait trouver un meilleur endroit pour établir le siége de sa mission que la baie d'Arama. Tous les naturels ne parlaient qu'avec le plus profond respect du vénérable évêque et affichaient un très-grand mépris pour les Poumas de Balade, qui l'avaient forcé à fuir. « Qu'il vienne, me faisait dire Bonéone par son interprète d'Uvéa avec lequel je ne sais comment je m'entendais à merveille, qu'il vienne, et je lui donnerai autant de terre qu'il en voudra et personne ne lui volera rien, car Bonéone est un grand chef et il ferait mourir le voleur. »

Comme je ne pouvais rien répondre, j'engageai Bonéone à venir causer de ce projet avec le frère Jean, et il fut convenu qu'à mon retour il me ramènerait sur ses pirogues.

Le village principal des Aramas a bien deux cents cases, qui forment plusieurs rues ; leur chef l'habite et possède à lui seul trois résidences de plusieurs cases chacune. La plus riche des trois est sur une éminence et paraît destinée aux grandes réunions. Elle se compose de deux larges cases qui peuvent contenir entre elles deux cents indigènes ; on les a placées aux deux angles d'un carré de 100 mètres de côté qui sert de forum. Au milieu s'élève la perche aux proclamations et les cases sont surmontées de têtes humaines. La seconde demeure royale qu'on nous fit visiter est moins riche ; mais les cases y sont plus nombreuses ; personne, cependant, ne les habitait. Dans l'une d'elles, on nous montra des masques en bois très-estimés parmi eux. Ces masques n'ont rien de commun avec les nôtres ; ce sont de grandes figures de monstres humains ; elles portent un diadème en plumes, et leurs cheveux sont assez longs pour couvrir un homme. Dans leurs danses de nuit, ils placent ces singuliers ornements sur leurs têtes, comme un chapeau, et ainsi affublés ils représentent des être gigantesques. Je n'ai pu me faire expliquer s'ils attachaient quelque signification à cette mascarade. Il est vraiment surprenant qu'avec de simples pierres ils parviennent à faire des morceaux de sculpture aussi finis que ces grandes têtes de deux pieds de haut, et, si je n'en avais vu que dans une tribu, je les aurais attribuées à quelque déserteur européen. On me montra un caillou brun et lourd qui servait, me dit-on, à donner aux lèvres de ces masques la belle couleur qui m'avait frappé d'abord, et tout me porte à croire que c'était du cinabre, dont on semblerait devoir trouver des gisements dans le S. O. d'Arama. Quant à la couleur noire, ils m'apprirent qu'ils la tiraient d'une petite noix qui leur fournit également de l'huile pour s'enduire le corps.

Après nous avoir fait les honneurs de ces deux palais, l'Uvéa nous dit avec orgueil que son maître en avait d'autres à Boulabio, et il nous répéta que c'était un grand chef. Nous visitâmes encore quelques cases privées, entourées généralement d'un haie de cocotiers plantés très-près l'un de l'autre ; mais nous n'y vîmes rien de curieux.

A notre retour, on nous servit un plat nouveau pour nous : c'était de l'écorce de bourao (*hybians*). Lemonnier, qui avait vu le matin de superbes patates douces, fit à cette vue une légère grimace ; pour moi, je me réjouis de cette nouveauté. Cependant, comme après tout, je ne pouvais contraindre mon compagnon à partager mes goûts, je fis venir l'Uvéa et je lui demandai des patates que nous ne tardâmes pas à recevoir et dont la vue satisfit autant Blondin que le fourrier. Je trouvai le bourao fort à mon goût ; il me rappela tout à fait les pommes de terre dont j'étais privé depuis longtemps.

Après souper, il fallut me prêter aux caprices de la foule et tirer un coup de fusil. Pour bien démontrer la supériorité de nos armes sur les leurs, j'avisai un régime de cocos, qu'ils atteignaient à peine avec leurs frondes, et je tirai au milieu. Deux noix tombèrent et j'en traversai une troisième, en sorte que mon succès fut complet. Je crus même remarquer que la considération dont on m'entourait s'en accrut. Je les laissai sous le coup de leur étonnement, et j'allai avec Lemonnier visiter les pirogues.

Fatigué des efforts d'imagination qu'il m'avait fallu faire depuis le matin pour soutenir la conversation, je fis signe aux naturels que je voulais être seul avec mon compagnon, et nous nous mîmes tous deux sur un petit tertre. D'abord on me satisfit et personne ne nous approcha ; mais bientôt une des femmes de Bonéone vint nous examiner et je lui donnai un collier. A cette vue la curiosité l'emporta et nous fûmes de nouveau entourés. Pour donner le collier à Pone, la femme du roi, j'avais été obligé de quitter ma pipe que je tenais à la main et je l'avais posée près de moi ; en voyant la foule approcher, je voulus la mettre à l'abri ; mais elle avait déjà disparu.

Pour un fumeur comme moi ce n'était, certes, pas une grande perte ; mais je compris tout de suite qu'en acceptant ce vol, j'en autorisais d'autres et que mes guides eux-mêmes se croiraient en droit de me piller ; aussi, sans plus tarder, j'envoyai mon compagnon chercher Bonéone, et j'attendis. Lemonnier ayant trouvé l'Uvéa à quelques pas de là revint avec lui.

Je rappelai au ministre de mon hôte que, le matin, il m'avait assuré qu'il n'y avait pas un voleur dans toute la tribu, et je me plaignis amèrement de la disparition de ma pipe. Enfin, je terminai ce discours, que j'accompagnai de toute la pantomime que je crus propre à le rendre intelligible, en le prévenant que si ma pipe ne m'était pas rendue sur le champ, je quittais Arama ; puis je lui tournai le dos.

Ce fut alors au tour de l'Uvéa à parler; mais il le fit tant et si bien que, deux minutes plus tard, ma pipe m'était rendue.

Cette petite scène rapportée à Blondin par l'Uvéa me plaça très-haut dans son esprit, et, depuis ce moment, il ne manqua pas une occasion de m'assurer qu'il ne prenait pas mes affaires comme les gens d'Arama.

Le lendemain matin, je pris congé de Bonéone. Dans l'impossibilité de m'accompagner, il me donna un *jamboïl* (esclave) pour en faire ce que bon me semblerait. Blondin s'empressa de mettre sur le dos de ce nouveau compagnon le sac de soldat dans lequel nous avions nos provisions, et pour se donner de l'importance, il s'arma de trois lances et d'une fronde. Djari voulut me suivre et, ma troupe ainsi augmentée, nous prîmes le chemin de Coumac, malgré tout ce que nous dit Bonéone de la méchanceté de son voisin Bonérate.

Au sortir de la vallée d'Arama, pour pénétrer dans l'intérieur et en franchissant les montagnes qui la terminent, le jamboïl me fit remarquer une espèce de calcaire verte, friable (de la *stéatite*), en me disant : *Bonéone kaï kaï* (Bonéone en mange) ; Djari me confirma le fait, et, pour me convaincre, le jamboïl en mit un morceau sous la dent ; je fis comme lui et je ne trouvai rien à ce mets qui justifiât la bizarrerie du chef d'Arama.

Nous mîmes tout le jour pour atteindre Coumac, et cependant nous dûmes prendre le chemin le plus court, car les sorciers nous avaient donné l'assurance qu'il n'y avait rien à craindre.

Nous avions rencontré, vers midi, une cinquantaine de noirs d'une tribu de l'intérieur, qui étaient occupés à faire des plantations d'ignames et qui s'étaient contentés de nous regarder passer sans nous adresser la parole.

Le pays au Nord de l'île est à chaque pas coupé par des montagnes qui rendent les communications très-difficiles. Cependant, en arrivant à Coumac, on traverse une vallée, la Newé, de 10 milles de long sur 3 milles de large, d'un aspect enchanteur. Dans toute la longueur, on trouve une petite rivière qui lui donne son nom et dont les bords sont couverts de bois de fer d'une très-grosse dimension. A quelques pas de l'autre côté de l'eau, il y a du reste, une petite forêt où croissent pêle-mêle une grande variété de sujets. Tout autour de la vallée, de petites montagnes à pente douce, couvertes d'épais pâturages, semblent n'attendre que des troupeaux , et, au delà de ces gracieux coteaux , les grandes chaînes de la côte opposent leurs barrières de granit à la fureur des vents. Je me souviens que Lemonnier me proposa de m'établir dans ce petit paradis, et je n'oserais pas dire que sa proposition me déplût.

Les montagnes que l'on traverse paraissent avoir chacune un caractère particulier. Nous avons tour à tour foulé de larges espaces de fer spéculaire, des couches d'amphibole vert, des roches de mica, d'autres de quartz; des terrains couverts d'une matière blanche comme de la craie à cassure sèche; d'autres d'un brun foncé, lourd à la main, et présentant beaucoup d'analogie avec le cinabre; enfin, pendant plus d'une heure, on contourne une montagne de belles ardoises bleues. Je serais ingrat de ne pas mentionner aussi des blocs de jaspe vert que j'ai remarqués dans une circonstance particulière.

C'était dans un vallon; nous profitions d'une pente douce pour hâter le pas, quand tout à coup Blondin s'arrête, jette ses lances à terre, et s'allonge tout de son long dans une posture des plus curieuses.

Après s'être frotté le dos pendant quelques secondes, il se lève, et Djari, Mouchi, le jamboït, tous trois indigènes, s'empressent de l'imiter.

Notre curiosité était trop fortement piquée pour ne pas essayer d'approfondir ce mystère; je m'approchai du lieu de la scène, et je remarquai un bloc de jaspe semblable à celui qu'emploient les naturels pour faire leurs haches et leurs pierres de commandement. Blondin vint à mon secours et me dit que ce bloc recouvrait le corps d'un *taouté* (médecin), et qu'il avait le privilége de rendre forts tous ceux qui pouvaient se frotter le dos dessus. J'acceptai ce fait comme une nouvelle preuve du caractère superstitieux de ce peuple.

Le chef de la tribu des Nélaouanguines, dont le pouvoir s'étend depuis Coumac jusqu'à la pointe Nord, avait autrefois le siége de son gouvernement à Oulane, baie située aux confins du territoire des Aramas, sur la côte Est. Mais les descentes incessantes des Nénémas, qui, avec une audace incroyable, venaient lui enlever des hommes et des vivres, lui ont fait abandonner cette position, et il est venu planter ses tentes loin des atteintes de ses redoutables ennemis, au milieu du reste de sa tribu.

Le village qu'il habite est le plus considérable que j'aie vu en Calédonie. Il est construit dans une plaine de 6 milles de

circonférence, entourée de hautes montagnes qui ferment c
vaste amphithéâtre, qu'une petite rivière traverse dans toute
sa longueur, et la mer vient rouler ses lames jusqu'au pied
des dernières cases.

Bâties au milieu des plantations, les cases du roi occupent
le centre d'où partent de nombreuses rues bordées de cocotiers alignés.

Ainsi, à la tête de plus de 2,000 sujets, tous réunis sur un
même point, Bonérate peut disposer d'une force imposante
qui le rend dangereux pour ses voisins, et les audacieux Nénémas eux-mêmes n'oseraient pas venir l'attaquer. Aussi tout
autour de lui respire la confiance, et, dans toute la baie, on
ne trouve pas un coin de terre qui ne soit cultivé.

Dès qu'on nous aperçut, quelques naturels accoururent vers
nous la lance à la main et nous demandèrent qui nous étions.
Blondin, avec une gravité que je ne lui avais pas encore vue,
se mit en devoir de satisfaire à toutes leurs questions ; les réponses étaient répétées à haute voix par le plus vieux guerrier,
et de proche en proche allaient jusqu'au village.

Notre interrogatoire n'était pas terminé que d'autres indigènes vinrent déposer à nos pieds des charges de cannes à
sucre et de cocos. Blondin, que cette vue rendit joyeux, ne
cessait de répéter : *Bonérate alik loa* (Bonérate est un grand
chef).

On m'introduisit bientôt devant ce grand monarque, qui
me reçut dans une cour carrée de 10 mètres de côté, au fond
de laquelle on voyait sa case. Il était assis au pied d'un
figuier gigantesque qui étendait sur lui ses rameaux protec-
teurs. A ses côtés, une douzaine de vieillards accroupis à une
distance convenable de leur roi avaient l'air de former son
conseil.

Je m'arrêtai à deux pas de Sa Majesté, debout, le bras appuyé sur mon fusil ; j'avais près de moi mon interprète Blondin, et le reste de ma petite troupe se tenait à quelques pas
en arrière. Plus de 200 indigènes, qui nous avaient suivis,
s'assirent en silence en face de leur chef.

Alors Bonérate déroula la tapa qu'il devait m'offrir, et im-
primant à ses bras un mouvement grave comme toute sa personne, il m'adressa son discours de bienvenue. Il parlait une
langue inconnue à mes oreilles ; mais sa voix était si douce,
ses gestes si dignes, que je me sentis saisi de respect pour ce
chef de sauvages si différent de ses sujets.

C'était un vieillard d'une cinquantaine d'années; sa tête enveloppée d'un morceau d'étoffe rouge roulée en turban, sa longue barbe blanche peignée avec soin, sa tapa drapée sur ses épaules, tout en lui me rappelait ces vieux Maures d'Alger, que souvent je m'étais pris à admirer comme je l'admirais lui-même. Son teint clair et son nez aquilin dénotaient une origine douteuse et contribuaient à rendre l'illusion plus complète.

Son discours, qui plusieurs fois avait arraché des exclamations à la foule attentive, finit comme il avait commencé, sans effort, tout naturellement, et il me tendit la tapa avec un geste si noble, que je fis un pas pour la prendre; mais, plus prompt que moi, Blondin la saisit et vint me la donner; puis, s'élevant à la hauteur de la circonstance, il remercia en mon nom l'hôte illustre qui me recevait chez lui, en termes qui parurent mériter l'approbation générale.

J'étais désormais de la tribu. Bonérate se leva, et, me prenant par la main, il me conduisit dans la case du fond et s'assit à la porte. La résidence qu'on venait de me donner respirait une telle odeur de viande fraîche que je ne tardai pas à éprouver un violent dégoût, et, pour en sortir, je fis dire par Blondin que j'étais trop grand chef pour m'accommoder d'un pareil réduit, et que je le priais de me donner une autre case. Sans doute cette manière de me poser plût à mon hôte, car, sans hésitation, il me fit signe de le suivre et me conduisit dans la case qu'il occupait lui-même à quelques pas de là et la mit à ma disposition.

Je n'avais encore rien vu de confortable comme ce palais. Le sol était recouvert d'une natte épaisse, et partout régnait la plus grande propreté. Le roi avait même un hamac pendu, et sur des étagères nous reconnûmes un chandelier, un sabre de cavalerie et des assiettes qui nous prouvèrent que Bonérate avait dû assister à quelque pillage, ou avait reçu chez lui des sandaliers.

Le fourrier seul eut le droit de m'accompagner dans ma retraite, et mes indigènes se répandirent dans les cases du peuple.

Bonérate, toujours assis à la porte, suivait tous nos mouvements avec intérêt, et de temps en temps il disait quelques mots à l'oreille d'un indigène, qui partait en courant. Nous vîmes bientôt qu'il s'agissait de notre repas, car ceux qui étaient partis revinrent chargés de provisions qu'ils se mirent à accommoder. On nous servit des ignames, du lard, du maïs et un poisson magnifique. On ne pouvait mieux faire les choses. De mon côté, je pressai mon hôte d'accepter des sardines à l'huile qu'il parut manger avec avec plaisir, ainsi que du fromage.

Après le dîner, on lui apporta ses deux derniers enfants, petites filles de trois et de cinq ans, qui me sourirent à première vue, ce qui me surprit d'autant plus que nous faisions ordinairement l'effet de croquemitaines aux petits négrillons. Bonérate mit ses enfants sur ses genoux, et c'était plaisir de voir ce chef féroce, peut-être encore dégouttant du sang de quelque victime, caresser ces petits êtres et s'amuser avec eux comme un bon bourgeois de notre chère France. Je donnai aux petites des colliers de verroterie, et ce petit cadeau fit sourire leur père.

Nous causâmes longtemps ensemble avec le secours de Blondin, et il parut charmé de l'arrivée prochaine de la corvette.

Comme il me vit manger des noisettes, il me demanda si ces petits cocos *oui oui* (français) pourraient pousser en les mettant en terre, et, comme je le lui affirmai, il m'en demanda quelques-uns qu'il s'empressa de semer autour de sa case.

Le lendemain, après une nuit excellente, je déjeunai chez sa femme privilégiée, qui m'avait envoyé chercher, et que je trouvai plus grande et moins laide que celles qui l'entouraient. J'offris à Sa Majesté ma cravate en échange du maïs qu'elle me fit manger, et je donnai à mes gens le signal du départ.

Bonérate voulut m'accompagner jusqu'à la plage. On lui apporta un bâton de 6 pieds environ, sur lequel il s'appuyait, et une couronne de bruyère qu'il se mit sur la tête. Il y avait auprès du roi deux vieillards qui portaient des couronnes semblables, sans doute en signe de commandement.

En traversant le village, je remarquai un champ inculte au milieu des plantations de cannes, et j'appris que c'était la propriété d'une femme qui venait de mourir, et qu'on laissait en friche en signe de deuil.

Un peu plus loin, j'aperçus devant une case une façon de pal au bout duquel se balançait le cadavre d'un enfant de quinze à seize ans ; c'était, me dit mon interprète, un jeune homme de la tribu qui avait été tué à coups de pierres, huit jours auparavant, pour avoir voulu embrasser une des femmes de Bonérate.

Je m'inclinai devant cette preuve de la justice expéditive de ce grand chef, et je ne pus m'empêcher de recommander à mon fourrier de ne pas se laisser prendre aux œillades agaçantes des nymphes qui nous suivaient.

Bientôt il nous fallut passer devant une case isolée, d'où sortirent à notre approche des guerriers, la face toute noircie et les yeux en feu. Blondin me glissa dans l'oreille que c'était là que se préparaient les festins de guerre. Devant cet antre, il y avait des os humains disposés en guirlandes sur des pieux de quelques pieds de haut. Sans doute, il se faisait à l'intérieur d'horribles préparatifs, car je savais que, quelques jours plus tôt, les Nélaouanguines avaient remporté une victoire éclatante sur une tribu de l'intérieur et rapporté plusieurs cadavres; mais je ne jugeai pas prudent d'approfondir ce mystère, et je passai outre.

Avant de quitter Bonérate je voulus le remercier de son hospitalité, et je lui fis signe que j'allais parler. Il se retourna, et sur un geste tout le monde se tut.

Je ne pouvais être compris; il m'importait peu d'être éloquent; je me contentai de dire quelques mots; j'eus soin de répéter les noms de Bonérate et de sa tribu; je m'efforçai de donner à ma physionomie une expression de satisfaction qui fut saisie par mon hôte, et j'obtins un plein succès.

Après une salve de nos fusils, qui occasiona de grands cris de joie, nous quittâmes la baie de Coumac le 3 décembre vers dix heures du matin.

De ce moment commencèrent pour nous les émotions. Nous remontions la côte dans les pirogues que Bonérate avait mises à notre service, et, dans chaque roche détachée d'une des petites îles que nous distinguions au Nord de la grande terre, nous voulions voir le canot qui, selon nous, devait alors être dans ces parages.

Nous congédiâmes bientôt nos complaisants pilotes, et après avoir traversé, en face de l'île Pum, une petite rivière abondante en coquilles fluviatiles, et être sortis des mangliers qui croissent à son embouchure, nous laissâmes la côte et nous gravîmes les crêtes.

Nous arrivâmes ainsi très-près de la pointe Nord, et mes observations me firent croire que j'étais au rendez-vous.

Je choisis un endroit d'où l'on dominait parfaitement l'archipel des Nénémas, et d'où la vue s'étendait au loin sur le canal de Boulabio et sur la côte Ouest : il n'y avait pas moyen que le canot passât sans nous voir. Ne pouvant pas mieux m'établir, je décidai que nous resterions là à attendre Devarenne. Je laissai un naturel en vigie, et je descendis pour choisir un abri pour la nuit. Je trouvai au pied même de la hauteur ce que je cherchais, c'est-à-dire un arbre et de l'herbe, et nous disposâmes des feux à l'entour.

A la nuit, la vigie rentra, elle n'avait rien vu. Le lendemain, 4 décembre, au jour, j'allai avec Lemonnier à la découverte ; nous ne vîmes rien encore. Au lever du soleil, je m'assurai que j'étais bien au point indiqué sur ma carte, et que ma boussole ne s'était pas dérangée ; alors, pensant que nos amis pouvaient être dans quelques-unes des criques que nous apercevions, je proposai à nos gens de descendre vers la pointe pour les explorer avec moi ; mais je ne pus jamais les y déterminer. Nénémas, Nénémas, me disait Blondin, en se tenant le ventre pour m'exprimer sa frayeur de ces naturels ; Nénémas, me répétait Djari ; si bien que je renonçai à leur persuader que les Nénémas ne nous mangeraient pas ; et, de guerre lasse, je laissai Lemonnier sur la hauteur avec ordre de me prévenir par un coup de fusil s'il voyait quelque chose, et je descendis seul. Malheureusement, je pris du côté de l'Est. Je visitai deux criques qui s'avançaient fort loin vers le Nord, et, n'y ayant rien rencontré, je revins très-inquiet, non pas des dangers que pouvaient courir mes amis, mais de la crainte de les laisser se morfondre dans un lieu que je ne pouvais réussir à trouver. Tout le jour nous explorâmes en vain l'horizon : rien ne parut. Il était convenu que Devarenne ne m'attendrait pas plus tard que le 4. J'annonçai à ma petite troupe que nous partirions le lendemain pour Arama. Cependant, prévoyant le cas où le canot aurait pu être contraint de s'éloigner davantage, et pensant qu'alors Devarenne ne rentrerait pas sans s'assurer si j'étais là, je fis couper des baguettes de 6 pieds environ que nous plantâmes sur les points de la côte les plus apparents, et à l'extrémité de chaque baguette je plaçai une feuille de papier sur laquelle j'annonçais mon départ.

Le lendemain, 5 décembre, après avoir jeté un dernier regard au large, nous prîmes la route d'Arama, mais cette fois par la côte, pour ne pas manquer l'occasion de voir le canot.

Nous passâmes rapidement la baie d'Oulane, où nous vîmes

les vestiges de l'ancien campement des Nélaouanguines, puis l'embouchure de la Newé, que nous avions vue couler dans la vallée de ce nom aux environs de Coumac; et, prenant les crêtes de ces montagnes pelées qui suivent la côte depuis la baie d'Arama jusqu'à la Pointe-Tonnerre, nous arrivâmes vers le soir chez Bonéone. Il nous reçut comme la première fois, et me dit que le lendemain il viendrait à bord du *vaca lou poupalé* (grand bateau étranger) avec sa femme et un de ses parents.

Je le félicitai de cette idée, et je rentrai en possession de notre case. Quand nous fûmes un peu reposés, je chargeai Blondin de demander aux gens d'Arama si on avait eu des nouvelles du canot; mais on lui répondit qu'il n'en avait pas été question. Je conclus de là que nous étions arrivés les premiers au rendez-vous, et je regrettai de n'avoir pas eu plus de patience. Un peu plus tard, l'Uvéa me demanda d'un air mystérieux si l'*aliki* du *vaca* (si le chef du canot) avait beaucoup de fusils, et si je croyais que les étrangers pussent soutenir une attaque, et mille autres choses aussi étonnantes. Quoique surpris d'un pareil langage, je répondis avec assurance qu'il y avait beaucoup de fusils, et que les étrangers pouvaient se battre contre des nuées d'indigènes. Mais, malgré moi, ces questions m'inquiétèrent. Depuis ce moment, les naturels parurent chuchoter entre eux en nous regardant, si bien que je recommandai à Lemonnier de ne pas quitter son mousqueton, et moi-même je ne fis plus un pas sans mon fusil tout prêt à faire feu. Pendant la nuit, je fis sortir de notre case tous les étrangers, et je ne gardai que Djari et Blondin, sur lesquels je croyais pouvoir compter au besoin.

Nous dormîmes peu mon compagnon et moi, et au jour nous pressâmes le départ des pirogues. Enfin, après bien des lenteurs, nous mîmes à la voile. J'espérais arriver de bonne heure chez Djari; par malheur le vent tomba, et il nous fallut prendre tout près de l'îlot Pum pour éviter les courants. Dès que nous fûmes à quelques pas de cette petite terre, des nuées de moustiques s'abattirent sur nous, et j'eus fort à faire pour me défendre contre leur voracité. Quant aux indigènes, comme s'ils étaient pris de vertige, ils se jetèrent pêle-mêle à l'eau pour fuir leur ennemi, et encore étaient-ils obligés de plonger de temps en temps. Cependant quelques-uns nous poussèrent en nageant, et nous échappâmes à ce danger.

Après une traversée qui me parût bien longue, nous arri-

vâmes chez Djari où je laissai Bonéone, et je partis pour Balade.

Il faisait nuit close quand j'arrivai dans la baie, et je me vis
sur le point de coucher encore à la belle étoile ; mais grâce au
mousqueton de Lemonnier, on fut averti de notre arrivée, et
on nous envoya chercher. Un instant plus tard, j'embrassais
mes camarades, et je recevais leurs félicitations d'avoir accompli sans encombre mon périlleux voyage.

M. d'Harcourt m'approuva de n'être resté que jusqu'au 4
au rendez-vous, et me dit qu'il ne savait encore rien de son
canot, mais que comme, d'après ses instructions, Devarenne
pouvait rester plus de 10 jours dehors, et que nous n'étions
qu'au 7, il n'avait aucune inquiétude.

Le lendemain Bonéone arriva, et je lui fis, à mon tour, les
honneurs de chez moi ; j'obtins pour sa femme la permission de
monter à bord, et j'essayai de tous les moyens pour leur laisser
un bon souvenir de la visite qu'ils nous faisaient. Je fus en cela
beaucoup aidé par Blondin, et j'eus tout lieu de croire qu'il
partit content. Sa politique échoua près du frère Jean, quant
à l'établissement de la mission à Arama, mais il reçut des présents et eût l'air de renoncer à son projet.

Dans la journée du 10, les naturels de la baie se livrèrent,
sous nos yeux, un combat acharné à propos d'une femme qui
avait reçu, en venant à bord, un coup de pagaye d'un chef. Le
parti vaincu eut trois hommes blessés dont un assez griève-
ment.

Le canot du commandant ne revenait pas, chaque minute de
retard augmentait notre inquiétude, et déjà des bruits sinistres
couraient la plage.

Les chefs s'étaient réunis pour manger la lune, suivant leur
expression, c'est-à-dire pour faire un festin à l'occasion de la
récolte des ignames, et l'un d'eux, sorcier habile, s'était écrié
dans un moment d'exaltation : qu'il voyait les Nénémas attaquer
le canot, et qu'il comptait seize cadavres de blancs étendus
sur la plage. Un autre moins fanatique disait bien que le canot
avait été attaqué, mais que les blancs s'étaient sauvés. Ils
différaient tous par quelques points, mais ils s'entendaient
pour dire qu'il y avait eu combat.

Le frère Jean, envoyé à terre pour prendre des renseignements, nous raconta cela en rentrant à bord, et alla en informer le commandant.

Le lendemain 11, M. Pouthier reçut l'ordre de partir dans

le grand canot pour aller, en apparence, déterminer la position de Boulabio, située à 15 milles du mouillage. Il emportait avec lui trois jours de vivres pour l'armement de son canot, et devait en donner, le cas échéant, à celui du commandant dont il devait s'informer chemin faisant.

Tremblant qu'il fût arrivé quelque malheur à Devarenne en m'attendant, je regardai comme un devoir d'être du nombre de ceux qui allaient à sa recherche ; ma demande fût accueillie favorablement par le commandant qui me dit qu'il me voyait avec plaisir faire partie de cette expédition.

Nous avions avec nous le frère Jean et un naturel de Balade, Paoni, frère de Blondin, qui avait autrefois habité l'archipel du Nord, et devait servir d'intermédiaire entre le frère et les sauvages de ces tribus.

Nous tombâmes d'accord avec Pouthier, que le but réel de sa mission était d'avoir des nouvelles du canot de Devarenne, et nous convînmes que nous ne resterions à Boulabio que le temps nécessaire pour faire reposer les canotiers.

Je n'essayerai pas de peindre toutes les illusions dont nous nous berçâmes pendant ce trajet de quelques heures qu'il nous fallût faire à l'aviron. Tantôt c'était une roche, éclairée par le soleil, que nous prenions pour le canot à la voile, et alors officiers et matelots, tout le monde se prenait à regarder. Mais bientôt Paoni, avec sa vue perçante, reconnaissait notre erreur, et il fallait avouer que nous nous étions trompés. D'autres fois c'était des morceaux de bois flottants que ses hommes prenaient pour quelques pièces du canot qu'ils désignaient. Je ne me rappelle jamais, sans frissonner, un coco sec que nous prîmes pour une tête d'homme. C'est ainsi qu'à chaque instant nous trahissions, par notre inquiétude, les craintes que chacun de nous gardait encore en soi.

En abordant, nous rencontrâmes une pirogue dans le petit chenal qui sépare Boulabio de l'îlot qui se trouve au Sud, et que nous appelâmes Accolade à cause de sa forme. C'étaient des gens d'Arama qui venaient pêcher des bénitiers ; ils nous en offrirent, et dirent au frère Jean qu'ils n'avaient pas vu les nôtres. Au lieu de débarquer à la pointe, comme nous en avions eu d'abord l'intention, nous nous élevâmes le long de la côte Ouest jusqu'à un joli bois de cocotiers. Pouthier monta au sommet de l'île pour faire ses observations, et le frère et moi, nous essayâmes de trouver du gibier pour notre dîner. On laissa deux hommes de garde dans le canot avec le patron, et tous les autres eurent la permission de descendre sous les cocotiers, avec défense d'aller au delà.

A une heure, nous étions tous réunis, et nous n'avions encore rien vu.

Pendant notre dîner, quelques indigènes, venus de je ne sais où, nous approchèrent; mais ils ne purent nous donner aucun bon renseignement.

Un instant, nous crûmes être sur la trace du canot. Un de nos hommes trouva un morceau de bois qu'on reconnut pour appartenir à la corvette, et, dès lors, nous pensâmes qu'il avait dû être porté là par les matelots de Devarenne; mais un des indigènes nous dit que la veille ils l'avaient trouvé sur la plage, et qu'ils l'avaient jeté où nous venions de le prendre; en sorte qu'il était probable qu'il venait du bord d'où les courants l'avaient poussé sur le sable de l'île, et nous abandonnâmes nos suppositions.

Vers le soir, nous quittâmes notre campement. A une heure du matin, le 12, nous étions mouillés dans le chenal d'Arama. Nous avions mis huit heures à parcourir un espace d'une douzaine de milles; mais si coupés de bancs de corail qu'à chaque instant les canotiers étaient obligés de se mettre à l'eau pour pousser le canot, et que, plus d'une fois, Pouthier et le frère s'étaient vus forcés de prêter le secours de leurs épaules dans des endroits difficiles. Après quatre heures d'un repos bien nécessaire, nous fîmes le branlebas et nous reprîmes notre course.

Nous ne tardâmes pas à apercevoir l'extrémité de la Nouvelle-Calédonie. Devant nous les récifs, s'ouvrant tout à coup, laissaient une passe très-large qui donnait accès dans un détroit formé par la grande terre, au S. E., et les îles de Paaba, Jéguiéban au N. O. Persuadés que nous suivions la même route que le canot du commandant, nous nous dirigeâmes vers ce point. En approchant de l'entrée, nous vîmes se dresser devant nous, au fond du tableau, les montagnes arides de l'île Jéguiéban, dont le sommet de terre rouge, éclairé par les rayons d'un soleil ardent, offrit à nos yeux un spectacle lugubre.

De nombreux bancs de corail, qui encombraient l'entrée du détroit, nous prouvèrent bientôt que nous nous étions trompés, et nous allions nous décider à longer la côte Est de Paaba, quand Paoni nous fit dire, par le frère, qu'il était convaincu que le canot n'avait pu être attaqué que par les hommes de l'île Rouge.

Quoiqu'on  pût supposer que ce brave garçon se ressentait encore de l'influence des sorciers de Balade qui accusaient les Nénémas, nous  pensâmes tous qu'il  ne  fallait pas dédaigner son avis, et nous continuâmes à avancer.

Au milieu du détroit, large d'un tiers de mille environ, nous trouvâmes un chenal que nous suivîmes.

Nous ne tardâmes pas à voir des naturels qui pêchaient sur les récifs, et s'enfuirent à notre approche. Nous courûmes sur eux, mais bientôt notre canot s'échoua, et il nous fût impossible d'aller plus loin. Nous étions alors entre Paaba et Jéguiéban en face d'une petite langue de sable qui joint les deux îles. Devant nous, à 100 pas au plus, on distinguait les cases d'un village indigène, et par ailleurs nulle trace d'habitation.

Arrivés à terre, les naturels, sans doute rassurés, s'arrêtèrent pour nous regarder, et quelques hommes du  village se réunirent à eux.

La fuite de ces pêcheurs, l'agitation que leur causait notre arrivée ne nous parurent pas naturelles, et nous brûlions d'entrer en  communication avec eux. Enfin, après de vives instances, Paoni se décida à les aller trouver.

A voir l'allure inquiète de ce malheureux qui s'avançait lentement vers ces terribles Nénémas, l'effroi de leurs voisins, on eût dit un condamné marchant au  supplice. Pendant un instant, chacun de nous ne pensa qu'au dévouement de cet homme courageux qui allait s'exposer au plus grand danger, et on put juger à notre maintien que nous ne le laisserions pas au pouvoir de ces farouches sauvages.

A la vue de la tapa de paix qu'agitait Paoni, et rassurés, du reste, par son isolement, les naturels s'attroupèrent en  grand nombre autour de lui.

Il resta bien, au milieu d'eux, 10 minutes qui nous parurent un  siècle. Penchés sur leurs avirons, les hommes, avec nous, suivaient chacun des mouvements de la foule. Personne n'osait parler.

Paoni revint enfin ! Il quitta les Nénémas lentement, comme il était venu; puis, tout à coup, il se mit à courir. Il nous dit, plus tard, qu'à ce moment, un des hommes l'avait menacé de sa lance ; puis il entra dans l'eau, et s'avança vers nous. On le fit entrer dans la chambre du canot où tout le monde se réunit et, comme suspendus à ses lèvres, nous attendîmes qu'il eût parlé.

Paoni, l'air morne et tout peiné de la mission qu'il avait à remplir, laissa tomber une à une ces paroles que le frère Jean recueillit pieusement, et dont voici le sens : « Les gens de « Jéguiéban disent que le canot étranger a été attaqué en mer « par sept pirogues de la tribu des Belep, et que tous les blancs « ont été tués. Ils assurent qu'ils sont innocents, et engagent « les étrangers à aller chercher les coupables à Belep, où ils « trouveront encore le canot qui n'a pas été brûlé. »

Paoni ne faisait que confirmer les tristes pressentiments qui, depuis le matin, nous accablaient; mais en voyant échapper la dernière lueur du doute qui nous avait soutenus, nos larmes coulèrent, et notre Calédonien ne put résister à l'entraînante douleur qui nous saisit.

Ainsi ces jeunes hommes, que nous avions vus partir pleins d'espérance et de santé; ces hardis marins, qui s'étaient élancés au-devant des hasards d'une exploration difficile; ces jeunes gens brillants d'espérances, et appelés, sans doute, à de hautes destinées ; ces amis dévoués, ces enfants, comme nous, de la grande famille de l'*Alcmène*, ils avaient cessé de vivre! nous ne devions plus les revoir! leurs bouches ne devaient plus s'ouvrir pour nous dire leurs joies! leurs mains ne devaient plus serrer les nôtres !... ils étaient morts!... morts de la main d'horribles sauvages, qui de leurs membres palpitants s'étaient faits de hideux trophées!... et pas un d'eux n'avait survécu pour nous dire leurs dernières paroles! pas un d'eux ne devait nous dévoiler les phases horribles de ce drame sanglant! Cette pensée nous révoltait, et notre esprit se refusait à y croire.

Que faire? Nous étions trop faibles pour essayer de les venger ; il ne nous restait qu'à recueillir quelques preuves matérielles du massacre ; c'était donc à Belep qu'il nous fallait aller en chercher, et nous nous mîmes en route pour accomplir ce triste devoir.

Comme nous remontions le détroit, le frère Jean remarqua une troupe de naturels qui suivaient la côte parallèlement à nous, et, dans l'espoir d'obtenir des renseignements plus précis, il nous engagea d'essayer d'entrer en communication avec eux; mais nous fûmes encore arrêtés par le récif. Ce fut en vain que nous voulûmes décider Paoni à retourner près d'eux : le malheureux tremblait et tenait son ventre à deux mains.

Cependant, un naturel, détaché du groupe, regardait le canot; Paoni le reconnut pour un homme de Balade, absent de sa tribu depuis quelques années. Il fit part de sa découverte au frère, et bientôt le Baladien, en s'entendant appeler par son nom Pibio, arriva au milieu de nous. Pressé de questions par le frère, cajolé par nous, Pibio, à son tour, se mit à nous raconter l'événement; mais ce n'était plus la même version. « C'est sur Jéguié-« ban, nous dit-il, que les Belep ont attaqué le canot, qu'ils ont « brûlé après avoir massacré tous ceux qui le montaient. Pour « lui, il a été témoin du drame, mais il n'y a pas pris part. »

Ces différentes versions firent renaître un peu d'espoir dans nos cœurs. Nous pressâmes de nouveau Pibio. Habitué aux mensonges des naturels, le frère Jean, sans lui donner repos, lui fournit l'occasion de se couper quelquefois, et, saisissant cet avantage, il finit par le troubler au point que, malgré lui, sans doute, la vérité lui échappa.

« Il en reste quatre, dit-il tout bas, en se tournant vers Paoni, « mais je n'ose le dire à *Lé Jean.* »

Le frère entendit ces mots et nous les communiqua. Il faut avoir passé par ces terribles épreuves pour comprendre toute la joie qui nous surprit à cette nouvelle ; ce fut d'abord un cri sourd qui s'échappa de nos poitrines, puis des regards que nous échangeâmes, et, enfin, presque une joie folle qui succéda à notre désespoir. Il est sauvé, disait chacun de nous en pensant à celui qu'il affectionnait le plus et qu'il croyait retrouver, et un instant tout le monde voulut que Pibio fit le portrait de ceux qui vivaient encore.

Mais cet éclair dura peu; il fallait songer à ravoir nos malheureux camarades, et nous avions besoin de tout notre sang-froid.

Après son premier aveu, Pibio comprit qu'il n'avait plus rien à cacher, et il nous avoua que, sur les quatre survivants, il y avait trois blancs et l'indigène de Hienguiène. Il nous dit que nos trois compatriotes étaient dans des cases de l'autre côté de la montagne, et que les naturels avaient caché le canot derrière la pointe de Paaba. Sans doute, dans la prévision de la vengeance éclatante que nous devions tirer du massacre de nos compagnons, il voulut se ménager notre amitié et s'offrit d'aller chercher les quatre infortunés prisonniers. Pour toute récompense, il demandait à retourner avec nous à Balade. Ce point convenu, il sauta à l'eau et nous le vîmes prendre le chemin du village avec les naturels qui étaient venus jusque-là. Pour nous, dans la crainte d'entraver les négociations, nous nous retirâmes sur la grande terre à l'Est du détroit.

Pour occuper les hommes, Pouthier leur fit faire le déjeuner, et, afin d'éviter toute surprise, nous nous établîmes sur un point qui dominait l'horizon.

Après bien des minutes d'une attente mortelle, nous crûmes voir du mouvement sur la côte de Paaba. Ce furent d'abord des naturels qui avaient l'air de venir voir ce que nous faisions ; puis il en arriva d'autres qui s'échelonnèrent en face de nous sur les crêtes. Enfin nous vîmes apparaître une troupe nombreuse ; les uns voulaient reconnaître un des nôtres au milieu des noirs, les autres, n'osant croire à tant de bonheur, doutaient encore, et tous nous restions les yeux fixés sur ce groupe, qui marchait bien lentement au gré de nos désirs.

Enfin, ils descendirent sur la plage et nous distinguâmes un blanc parmi les sauvages. A cette vue, nous bondîmes dans le canot, qui vola comme un trait vers l'autre rive, où arrivait aussi celui que nous allions sauver.

L'avant s'échoua en accostant. Devant nous plus de 200 indigènes, les lances à la main, couronnaient les hauteurs et semblaient nous couver du regard comme une proie facile. Nous avions fait la tente pour nous abriter en cas d'attaque. En voyant ces nombreux guerriers, Pouthier ordonna à dix hommes de se tenir sur leurs bancs, prêts à nager, et je sautai devant pour aider les deux brigadiers à répondre à la première attaque ; le frère distribua le reste des armes et nous attendîmes.

Cependant, le malheureux qu'on nous ramenait n'était plus qu'à quelques pas de nous ; nu comme ceux qui l'entouraient, il avait sur la tête un chapeau de paille et portait le bras droit en écharpe. Nous reconnûmes Lemarrec, un des canotiers.

L'infortuné pressait les mains de ces monstres, et, à l'entendre prodiguer l'épithète de *taïo ! taïo* (ami)! on eût dit qu'il quittait réellement des personnes chères, et nous ne pouvions pas revenir de notre surprise. Enfin, il sauta dans le canot !.... Nous avions arraché une proie à ces cannibales ; mais il en restait encore trois en leur pouvoir : notre tâche n'était pas achevée !

Lemarrec, en passant, nous avait jeté les noms de Laffitte et d'Hervé ; emporté par son courage, le frère Jean se met à l'eau, et, s'avançant entre le canot et les naturels, il leur signifie d'une voix forte, agitée seulement par un léger tremblement, que, si on ne nous rend pas les deux autres captifs avant la nuit, nous irons attaquer le village et les prendre de force.

En voyant l'intrépide frère s'exposer ainsi, seul, à toute la fureur de ces bêtes fauves, les deux hommes de l'avant et moi nous avions instinctivement armé nos fusils, et chacun de nous avait choisi son homme, bien décidés à faire feu au premier signe qui aurait menacé la vie du frère; mais, sans doute intimidés par l'audace de cet être étrange, qui osait venir ainsi sans armes leur donner des ordres, ils ne pensèrent pas à le punir de sa témérité, et ils promirent de nous rendre les prisonniers, à la condition que nous retournerions sur la grande terre. Bientôt nous les vîmes s'éloigner, et, à notre tour, nous nous dirigeâmes vers l'autre bord.

Lemarrec, qu'on venait de nous rendre, avait vu massacrer tous ses compagnons; lui-même avait reçu plusieurs blessures : entre le nez et l'œil, il portait les traces d'un coup de lance profondément entré, et des cicatrices encore fraîches indiquaient que sa main droite avait été traversée de part en part. Il mourait de faim : après que chacun lui eut donné de quoi se couvrir, nous lui offrîmes des vivres qu'il se mit à dévorer avec tant d'appétit, que personne de nous n'eut le courage de l'interrompre pour lui demander des détails que nous brûlions de connaître.

Quoique personne ne se hâtât, nous arrivâmes bientôt au pied de l'élévation, où nous attendait Paoni, que nous avions laissé à la garde de la cuisine.

« Des pirogues! » fit-il au frère Jean, aussitôt que nous fûmes à portée de l'entendre; et il nous indiqua par ses gestes qu'elles faisaient route vers le chenal où nous nous trouvions.

Nous laissons les hommes à leurs bancs et nous montons, Pouthier et moi, voir le nouveau danger qui nous menaçait. Paoni ne nous avait pas trompés, on voyait au large sept pirogues qui s'avançaient vent arrière vers nous. Il nous assurait que c'étaient des Nénémas; de son côté, Lemarrec nous disait que les guerriers de Paaba et de Jéguiéban étaient partis le matin pour faire une expédition à Boulabio. C'étaient donc des ennemis; nous ne pouvions en douter.

La pensée nous vint tout de suite que les naturels, en nous livrant Lemarrec, en avaient fait un appât pour nous retenir jusqu'à l'arrivée de leurs guerriers, et qu'ils n'attendaient que ce secours pour fondre sur nous.

Nous ignorions si le chenal dans lequel nous étions engagés avait une issue à l'Ouest; en cas d'attaque, nous pouvions être acculés dans ce guêpier et exposés à nous échouer à chaque pas; nous ne pouvions espérer nous sauver par aucun moyen.

D'un coup d'œil nous embrassâmes le danger de notre position et nous vîmes qu'il fallait prendre le large.

On serra la tente et nous mîmes à la voile; il s'agissait de nous élever au vent des pirogues, certains qu'une fois dans cette position, ces embarcations, qui ne manœuvrent bien que vent arrière, ne pourraient plus mettre assez d'ensemble dans leurs mouvements pour nous attaquer toutes à la fois. Malheureusement il soufflait une fraîche brise de N. O., et, pendant que nos ennemis avançaient rapidement, nous étions obligés de courir des bords pour sortir des récifs. Cependant nous commencions à gagner, quand tout à coup notre mât de misaine vint à craquer. Pouthier prend la barre et envoie le patron devant réparer cette avarie; mais le temps passe et les pirogues avancent toujours : quelques minutes encore et la fuite va nous devenir impossible, et nous allons périr sous les coups de ces monstres, à qui nous venions arracher nos compagnons... Les hommes comprennent le danger, le mât est réparé; mais les pirogues sont trop près pour les éviter... Que faire? la lutte seule, désormais, peut nous sauver. J'échange avec Pouthier un regard qui le lui dit, et aussitôt nous nous disposons. Pendant qu'il commande la manœuvre et fait orienter pour courir sur la pirogue la plus détachée des autres, je prépare les munitions et j'examine les armes; je donne aux meilleurs tireurs les fusils, aux hommes de la manœuvre les sabres; je garde pour moi mon fusil de chasse et je place celui du frère Jean à la portée de Pouthier.

Nous étions quinze dans le canot, sans compter le frère et Lemarrec, qui ne pouvaient être que spectateurs; malheureusement nous n'avions que 4 mousquetons, 3 fusils de chasse, 4 sabres et 1 pistolet!

C'était peu pour oser s'attaquer à sept pirogues qui, chacune, portaient au moins trente hommes; mais nous avions pour nous la supériorité des armes, et mieux valait mourir en combattant que de se laisser égorger sans se défendre.

Le plus grand silence régnait dans le canot; chaque homme était à son poste, les fusiliers à l'avant et à l'arrière, les hommes de la manœuvre à leurs mâts : le patron surveillait l'avant, Pouthier gouvernait : nous attendions !

Peu à peu nous gagnâmes la pirogue que nous voulions atteindre, et déjà nous pouvions énumérer les forces de nos ennemis, quand tout à coup la flottille se sépare et fuit dans toutes les directions... La hardiesse de notre manœuvre avait effrayé ces sauvages. Un instant, nous eûmes envie, à notre tour, de les poursuivre, mais nous songeâmes aux deux malheureux qu'il nous restait à sauver, et nous reprîmes la route du chenal, après nous être assurés que les pirogues s'étaient réfugiées au Nord de Paaba.

Rien n'indiquait qu'on pensât à nous rendre les prisonniers ; çà et là, quelques naturels rôdant sur les hauteurs de l'île étaient les seuls que nous aperçussions. Nous ne pouvions attendre bien longtemps encore, il fallait en finir ; et, malgré le peu de chances qu'offrît ce parti, nous allions nous voir contraints de descendre chercher ceux qu'on ne paraissait pas vouloir nous rendre. Cependant, avant d'en venir à cette extrémité, nous tirâmes quelques coups de feu en l'air, tout en nous dirigeant sur le village.

L'effet de notre fusillade fut merveilleux ; à chaque coup qui partait, les naturels des hauteurs se couchaient par terre, et bientôt nous ne vîmes plus que des têtes qui se hasardaient timidement pour nous épier, mais qui disparaissaient bien vite à chaque nouvelle détonation.

Cette épreuve nous donna de l'assurance, et nous fûmes bientôt à l'endroit où le matin Paoni était descendu.

A notre arrivée, nous remarquâmes un grand mouvement. Les hommes allaient et venaient de la plage dans les cases et des cases sur la plage. Pibio vint vers nous et nous dit que les naturels étaient à se consulter et qu'il était convaincu qu'on allait nous rendre nos deux camarades. Nous le suppliâmes de retourner pour presser leur mise en liberté, et, cette fois, nous lui remîmes un billet, que j'écrivis ; il était ainsi conçu : « Prenez « courage, vos amis veillent sur vous. Essayez d'échapper à « vos gardiens ; mais, si on vous retient, soyez sûrs que nous « irons vous chercher. A bientôt, priez Dieu ! »

Enfin, nous vîmes sortir de derrière la pointe de Paaba, une masse noire que bientôt nous reconnûmes pour le canot. On le poussa jusqu'à une vingtaine de pas du village, puis ceux qui l'avaient conduit là se retirèrent, et d'autres arrivèrent qui firent mine de vouloir l'emmener de nouveau.

Il était évident qu'il y avait deux partis, l'un pour, l'autre contre la restitution. Lequel allait l'emporter ?

Tout à coup, une foule nombreuse tourna aussi la pointe et nous distinguâmes nos deux hommes que l'on dirigeait vers le canot.

Mais alors il en fut d'eux comme de l'embarcation. Le

temps passait et on ne les rendait pas, et ces deux infortunés restaient exposés aux coups de leurs maîtres féroces.

Incapable de rester plus longtemps simple spectateur de cette affreuse comédie où se jouait la vie de deux de mes semblables, je dis à Pouthier que j'allais aller au-devant des captifs. Allez, me dit-il; mais, pour Dieu, ne tirez pas. Je le lui promis et je me jetai à l'eau suivi du matelot Pommeray et du frère Jean, qui pensa qu'il pourrait être utile, si nous parvenions à approcher les naturels. Nous fîmes ainsi une centaine de pas dans l'eau jusqu'à la ceinture, le fusil sur la tête, sans remarquer rien de nouveau parmi les naturels, puis nous les vîmes tous se retirer sur la plage, abandonnant le canot et les prisonniers.

Une minute plus tard, je pressais sur mon cœur Laffitte et Hervé, et après les avoir renvoyés à Pouthier dont je comprenais l'impatience, je continuai à m'avancer vers le canot. Nous ne tardâmes pas à le saisir; Pibio, qui nous avait rejoints avec un autre naturel de Balade, nous donna la main pour le pousser à flot, et je l'abandonnai bientôt entre les mains des hommes du grand canot venus au-devant de nous.

Avant de quitter ce lieu maudit, je jetai sur la plage un dernier regard; à cinquante pas de moi, tout au plus, les naturels groupés derrière un chef peut-être suivaient tous nos mouvements. Je pensai aux victimes qu'ils venaient de massacrer; je vis nos malheureux compagnons succombant sous les coups de ces lances qu'ils osaient tenir droites devant moi, et, un instant, je voulus me faire justice moi-même. Mon fusil s'abattit, je couchai en joue et j'allais tirer, quand un matelot, en m'appelant pour rallier le canot, vint me faire souvenir de la promesse que j'avais faite. Je désarmai et je m'en retournai tristement.

Tout à la joie d'avoir sauvé nos trois marins, nous ne nous aperçûmes pas d'abord que le Canak nous manquait; mais, avant de partir, son absence nous frappa et nous priâmes le frère de demander à Pibio ce qu'il était devenu. Notre ambassadeur nous répondit qu'il l'avait prévenu de notre arrivée, mais qu'il s'était refusé à le suivre. Comme de leur côté Lemarrec et Laffitte nous dirent qu'il vivait en très-bonne intelligence avec les indigènes, nous ne crûmes pas devoir le redemander, et nous nousdécidâmes à partir.

On ne nous avait pas rendu l'armement du canot du commandant, il fallut le prendre à la remorque du grand canot.

Ainsi disposés, nous quittâmes Jéguiéban à sept heures du soir, après une journée qui nous avait rudement éprouvés, et tout brûlants du désir de revenir bientôt demander aux insulaires de cette terre de sang le prix de leur forfait.

Quoique la brise fût faible et presque debout, nous mîmes à la voile, et nous fîmes route pour Djari.

Pour alléger le grand canot, j'étais passé avec Laffitte et Hervé dans celui du commandant ; ce fut dans ce lieu, encore fumant du sang de leurs compagnons, que les deux témoins de cette scène horrible me racontèrent le drame qu'on va lire.

*Exploration de Devarenne. — Récit de sa mort et de celle de ses compagnons. — Représailles.*

Ce fut Hervé qui prit la parole en ces termes :

« Partis à midi du bord, le 30 novembre, nous nous arrê-
« tâmes à la nuit sur la côte Est de la Nouvelle-Calédonie, un
« peu au-dessus d'Arama. M. Devarenne avait choisi ce cam-
« pement à cause de sa solitude et nous y trouvâmes les restes
« d'un établissement anglais pour la pêche du tripang. Nous
« passâmes la nuit sous les arbres en faisant bonne veille, et, le
« lendemain, nous reprîmes notre route. Toute la journée
« du 1er décembre, nous explorâmes la partie qui entoure
« l'archipel des Nénémas, et, à la nuit, nous nous approchâ-
« mes de Jéguiéban.

« L'île semblait peu habitée ; M. Devarenne nous recommanda
« de ne rien prendre aux naturels sans leur donner quelque
« chose en échange ; il nous rappela ses ordres relativement
« à nos rapports avec les femmes et nous vînmes mouiller à la
« pointe, en face du village.

« Ces messieurs descendirent armés ; le pilote les suivit et il
« ne resta dans le canot que les hommes de garde. »

« Les naturels avaient l'air affable ; l'un d'eux conduisit le
« pilote à la fontaine, et nous fîmes notre cuisine sur la plage
« sans que personne vînt nous troubler.

« Le soir, M. Devarenne nous fit tous embarquer et nous
« allâmes au large dans la baie pour ne pas être inquiétés
« pendant la nuit. Nous avions un factionnaire à l'avant et
« un autre à l'arrière, armés chacun d'un mousqueton ; mais ces
« précautions furent inutiles et nous pûmes reposer en paix.

« Au jour, notre officier nous dit : « Enfants, nous n'avons
« plus de fatigues que pour aujourd'hui ; demain, nous nous
« reposerons ; mais, comme la journée sera rude, nous allons
« descendre faire le café à terre, cela nous dégourdira les
« jambes et nous serons dispos à la besogne. Allons, chacun à
« son poste et le cap à terre !

« Ces ordres furent exécutés promptement et nous mouil-
« lâmes une seconde fois à Jéguiéban. Au moment où on allait
« descendre la chaudière, Babin, croyant voir plus de mouve-
« ment que la veille, dit à M. Devarenne : « capitaine, si vous
« le voulez, nous irions faire le café sur l'autre terre, » et il
« montrait la pointe S. O. de Paaba. « Nous serions plus à
« notre aise qu'ici. — Pourquoi voulez-vous changer, lui répon-
« dit celui-ci ; nous avons été bien reçus hier, si chacun se
« rappelle mes ordres, il ne nous arrivera rien de fâcheux.
« Allons ! allons ! garçons, ajouta-t-il, faisons vite le café, nous
« le boirons en route.

« Le feu fut promptement allumé et la chaudière ne tarda
« pas à bouillir. M. Devarenne, M. de Saint-Phalle et le pi-
« lote se promenaient devant les cases et les hommes causaient
« avec les indigènes. Quand le café fut prêt, M. de Saint-
« Phalle entra dans le canot pour tout faire disposer pour l'ap-
« pareillage. Peu à peu, les hommes rallièrent et il ne resta
« bientôt plus à terre que M. Devarenne, moi, dit Hervé, et
« Babin ; Gagneux et Lacoste étaient dans l'eau à côté du
« canot, mais nous avions toujours le grappin mouillé der-
« rière et notre avant était amarré à un arbre par la sabaille
« (cordage).

« Voyant que tout était terminé, M. Devarenne se disposa à
« monter sur les épaules de Babin ; et comme celui-ci se bais-
« sait, il nous cria : « Embarque ! embarque ! garçon. » Il
« n'avait pas achevé, qu'un coup de casse-tête l'étendait à
« terre. Quoique étourdi, il se relève, et, d'un coup de poing,
« il envoie rouler à quelques pas le naturel qui vient de l'at-
« taquer ; mais ses forces lui manquent, je suis obligé de l'em-
« porter avec Babin. Nous le déposons dans la chambre du
« patron.

« Pendant ce temps, des Canaks sortis de tous les coins de la
« baie se précipitaient sur le canot et nous assaillaient à coups
« de pierres et à coups de lance.

« Dans ce moment terrible, Videau, notre patron, veut cou-
« per le filin qui nous retient à terre, mais il meurt avant

« d'avoir réussi! En vain, nous essayons de saisir nos armes ;
« dans le premier moment de trouble, nous avons renversé le
« gargoussier qui contient nos munitions, et les mousquetons
« que nous tenons n'ont pas de capsules. Quelques-uns sautent
« sur les sabres, inutiles armes contre les pierres et les lances,
« et incapables de nous défendre contre nos agresseurs, nous
« tentons un instant une lutte impossible. Nous voyons tom-
« ber, à nos côtés, Anthéaume, Clochard, Gontier, Babin,
« Bilbaud ; M. Devarenne est achevé dans la chambre ;
« Perrod meurt en défendant son capitaine ; le pilote veut
« parler, mais on le massacre sans vouloir l'entendre, et
« bientôt le canot n'est qu'un champ de carnage ; M. de
« Saint-Phalle, le corps couvert de blessures, combat seul en-
« core, puis son heure arrive, et il tombe !... Nous n'étions
« plus que cinq debout : Gagneux, Lacoste, Lemarrec, Laffitte
« et moi ; malgré nos blessures, nous nous jetons à la mer, et
« nous essayons de fuir. Gagneux et Lacoste, que les forces
« abandonnent, sont pris par les sauvages et massacrés sans
« pitié. Leurs cris arrivent jusqu'à nous et doublent notre
« ardeur. Enfin nos assassins cessent de nous poursuivre.

« Cependant, des indigènes nous attendaient de l'autre côté.
« Ils nous faisaient signe d'aller à eux ; résignés à la mort,
« nous accostâmes... C'était un secours inespéré que Dieu nous
« envoyait ; ces gens, que nous avions pris pour des bour-
« reaux, loin de nous faire du mal, devinrent nos protec-
« teurs...

« Quant à Lemarrec, comme il nous l'a dit plus tard, res-
« saisi par des gens de l'île, qui s'étaient mis à sa poursuite
« dans notre propre embarcation, on le jeta dans le sang
« de nos camarades, et il s'attendait à être tué à son tour
« quand, après l'avoir mis à terre, on le conduisit dans une
« case.

— Et vos autres camarades, demandai-je à Hervé ?

« Comme on nous conduisait dans notre prison, nous vîmes
« leurs cadavres sur la plage ; on les avait alignés, et nous en
« comptâmes douze !... leur ventre était ouvert, et leurs en-
« trailles flottaient sur la rive.

« Bientôt nous vîmes la clarté du feu que préparèrent les
« femmes pour cet horrible festin, et toute la nuit le bruit de
« leur orgie arriva jusqu'à nous. Mais, soigneusement gar-
« dés, il nous fut impossible d'approcher des restes de nos
« amis ! »

Il cessa de parler, et je tombai dans une profonde rêverie !
Peu à peu mon imagination évoqua les ombres de ces malheureux tombés là où j'étais assis ! le sang, dont l'odeur nauséa-
bonde me montait au cerveau, prit insensiblement des formes
bien connues : je revis Devarenne, ce brave camarade que nous
aimions tant ; je retrouvai le jeune et modeste de Saint-Phalle,
je pressai la main de ce bon Perrod, le modèle du bord, puis
Videau, le patron, Gagneux, Lacoste, Bilbaud se dressèrent
devant moi, et je me surpris à chanceler ; ma tête retomba lour-
dement sur ma poitrine, et je demeurai immobile. Heureusement le commandement de : *Pare à virer !* vint m'arracher à cet
horrible cauchemar ; je me relevai, je venais d'avoir un étour-
dissement !

Pour secouer les tristes idées qui m'assiégaient, je demandai
à Hervé ce qu'ils étaient devenus du 2 au 12 décembre.

« D'abord gardés avec soin dans la case où vous nous avez
« vus entrer, me dit-il, après avoir échappé miraculeusement
« au massacre de nos camarades, nous eûmes bientôt plus de
« liberté. Les naturels vinrent nous voir, et l'un d'eux nous
« donna une plante qui fit un bien extrême à nos bles-
« sures. Laffitte avait des étouffements, causés par un coup
« de lance reçu à un pouce au-dessous du cœur, grâce à ce
« remède, il respira plus librement, et nous fûmes bientôt
« guéris.

« Le second jour, on nous fit comprendre qu'il y avait un
« autre blanc de l'autre côté de l'île, et on nous amena Le-
« marrec. A chaque instant, les indigènes nous apportaient
« quelque chose du canot, et nous en demandaient l'usage. Ils
« avaient l'air de ne rien connaître. Ils se mettaient nos pan-
« talons sur les épaules, et se faisaient des colliers de nos sou-
« liers coupés en petits morceaux. Quant à nos vivres, ils les
« dédaignaient, et nous les vîmes défoncer le baril de vin sur
« la plage sans oser y goûter.

« D'abord ils nous donnèrent quelques morceaux de biscuit ;
« mais ils cessèrent bientôt, et nous les vîmes jeter des boîtes
« de sardines aux chiens pour ne pas nous les laisser manger.

« Petit à petit, ils nous dépouillèrent du peu de vêtements
« qu'ils nous avaient laissés.

« Je ne tardai pas à acquérir, parmi ces barbares, une cer-
« taine influence en cherchant à leur être utile.

« Ils m'avaient apporté quelques figues de tabac, et pour me
« bien faire venir d'eux, j'en avais frotté les plaies de quelques-

« uns, et le bien qu'ils en ressentirent leur donna une haute
« idée de moi.

« Parmi les objets qu'ils avaient pillés, les gens de ma case
« avaient un mousqueton ; un jour qu'ils me pressaient de leur
« montrer à quoi cela pouvait être bon, j'approchai un tison
« de la lumière et le coup partit...; à cette explosion inatten-
« due, tous ceux qui m'entouraient donnèrent les signes de la
« plus grande frayeur.

« Depuis ce moment, je fus à peu près libre, et ils parurent
« vouloir faire de moi un Calédonien ; ils me peignaient avec
« soin, et me relevaient les cheveux à leur façon, ou bien ils
« me frottaient le corps avec de l'huile de coco, et ils m'ap-
« prenaient à me servir de leurs armes.

« Dans l'espoir de nous ménager un moyen de fuite, j'avais
« proposé à mon maître de lui réparer sa pirogue, et je passais
« toutes mes heures de liberté à gréer et à mettre en état
« cette embarcation.

« Chaque jour nous nous réunissions tous les trois pour
« nous concerter. Nous pensions bien que le commandant
« viendrait à notre recherche, et nous formions mille projets
« pour échapper aux indigènes et gagner le bord; mais la
« chose eût été bien difficile. Laffitte était celui de nous qui
» avait les plus belles chances. Quelquefois son maître l'em-
« menait jusqu'à Pum sur une pirogue qu'il montait seul avec
« sa femme. Une fois au large, il aurait bien pu se défaire de
« ses surveillants et se sauver, mais l'ignorance du pays ren-
« dait ce projet impraticable. Où serait-il allé?

« Nos gardiens s'efforçaient de nous faire croire qu'ils
« n'avaient pas trempé dans le massacre du canot. A les croire,
« les vrais coupables étaient les Belep ; ils ne prononçaient
« jamais, qu'avec une horreur feinte, les noms de ces natu-
« rels. *Belep kaï kaï poupalé!* — *Belep kakino* (Les Belep ont
« mangé les étrangers! — Les Belep sont mauvais). Tel était
« le refrain dont ils essayaient de nous étourdir. Mais, à dé-
« faut des figures que nous ne pouvions reconnaître, les cases
« regorgeaient de preuves de la culpabilité des gens de Jé-
« guiéban, et nous feignions de les croire tout en étant con-
« vaincus qu'ils étaient nos assassins.

« Hier, quand ils vous ont aperçus, ils nous ont enfermés
« dans nos cases, en nous disant que les Belep arrivaient, et
« qu'ils nous dévoreraient s'ils nous rencontraient. C'est ce
« qui nous a empêchés de vous voir plus tôt. Nous n'avons

« appris votre présence que par le billet que Pibio nous a
« remis, et je crois que sans vos coups de fusil vous ne nous
« auriez pas eus. »

Pendant que nous sauvions les tristes restes de l'expédition
de Devarenne, à bord de l'*Alcmène* on était sous le coup de la
plus grande inquiétude.

Un homme de Coumac était arrivé à Balade, et le fidèle Damaléoné avait appris de lui le massacre du canot par les Nénémas, et il s'était empressé d'en faire part au docteur d'abord,
puis à tous les hommes qu'il avait rencontrés.

Cette nouvelle un fois répandue, les esprits s'étaient agités.
Chacun avait fait des suppositions, et comme le malheur rend
craintif, on voulut avoir à déplorer, non-seulement le canot de
Devarenne, mais aussi le nôtre.

Le commandant prévenu de ce qui se passe adresse quelques
paroles bien senties à l'équipage, et parvient à tranquilliser
les plus exaltés. Enfin chacun va prendre du repos et chercher
dans le sommeil l'oubli de ses craintes.

Hélas! leur tranquillité ne devait être que passagère, et
nous leur préparions un bien cruel réveil.

Le 13, à 5 heures du matin, les vigies du bord nous signalèrent. Pour diminuer l'effet de la triste nouvelle que nous
apportions, Pouthier avait détaché six hommes dans le canot
du commandant, et, après avoir pris, dans le grand canot,
les trois naufragés, nous courions vent sur la corvette.

Un instant, à la vue des deux embarcations, on crut que
nous revenions tous; mais bientôt, à l'aide des lunettes, on
remarqua le délabrement du canot du commandant, on compta
notre armement qu'on trouva diminué, et dès lors on pres-
sentit la vérité.

Un peu plus tard, nous entrions chez le commandant, et,
pendant un moment, nos pleurs seuls lui apprirent le résultat
de notre recherche... « Combien sont-ils? » nous dit notre
chef, la voix grosse de sanglots qu'il essayait d'étouffer... Nous
fîmes avancer Lemarrec, Laffitte et Hervé; le commandant les
embrassa, et leur fit signe de s'asseoir; pour nous, nous nous
retirâmes.

Après les premiers pleurs, pieux hommage rendu à la mémoire de nos camarades, chacun s'emporta en malédiction
contre les barbares qui les avaient massacrés.

« Vengeons-nous! vengeons-nous! » criait-on de toutes parts,
et ce cri, comme nous, notre commandant le poussait aussi...;

bientôt il nous annonça qu'il voulait, lui-même, nous conduire au milieu des assassins.

En un instant, le bord changea d'aspect. Les ponts se couvrirent d'armes; on ouvrit les soutes, les canots furent disposés, et à 10 heures tout était prêt pour un débarquement.

Aussitôt le dîner de l'équipage, nous fîmes une descente sur le petit îlot de Boulaé, qui se trouvait près de nous, et après quelques manœuvres, dont la bonne exécution nous présageait le succès, nous rentrâmes à bord pour tout disposer pour le lendemain.

Le soir, le commandant réunit les officiers pour leur communiquer son plan d'attaque. M. d'Harcourt se réservait la conduite de l'expédition. Il avait sous ses ordres M. Pouthier à la tête des embarcations, et M. d'Ehrensvard commandait la compagnie de débarquement. M. Texerean, notre second, prenait la direction de la corvette, et M. Boch restait chargé de la batterie dont il était le chef.

De cette façon, tous les services étaient assurés; à bord comme à terre on pouvait faire face à toutes les éventualités.

Le 15, à 4 heures du matin, la corvette appareilla, et nous avançâmes hardiment dans la route, semée d'écueils, qui devait nous conduire à la vengeance.

Favorisés par une brise légère, nous arrivâmes, vers midi, par le travers de la baie d'Arama. Devant nous, on découvrait trois passages également étroits. Le commandant, placé dans la hune de misaine, fit monter près de lui M. Pouthier et le matelot Hervé; il m'appela ensuite, mais comme aucun de nous ne put le fixer assez sûrement, il ordonna de mouiller, et il expédia MM. Pouthier et Amet dans deux embarcations explorer le passage.

Le frère de Bonéone vint à bord nous dire qu'il déplorait le malheur qui nous avait frappés, et que la tribu des Aramas était prête à marcher contre les coupables.

Le commandant, pour être plus libre de ses mouvements, avait décidé que nous n'emmènerions que six auxiliaires de Balade qui étaient déjà à bord; le frère Jean remercia, en son nom, les Aramas, et les engagea à venir à quelques jours de là recueillir les dépouilles de nos ennemis communs, les Nénémas.

Le 16, nous reprîmes notre route; et, sur les indications de Pouthier, nous prîmes par le passage le plus Nord. A 11 heures, après nous être élevés au Nord des îlots de Paaba, nous mîmes le cap au Sud, et nous vînmes mouiller en face de Taalon.

Pour rendre plus intelligible le récit qui va suivre, je vais essayer de décrire les lieux où se sont passés les faits dont j'ai entrepris d'être l'historien.

La corvette, à son nouveau mouillage, se trouvait au milieu d'un archipel situé au N. O. de la Nouvelle-Calédonie, et composé des îles Taalon et Paaba, qui nous restaient à l'E.; Jéguiéban, Néba et Pum au S.; Yandé à l'O., et Taalé, Tean et Guco au Nord. Dans le N. O., nous apercevions encore Poo et Belep; mais elles étaient trop éloignées de nous pour qu'il fût question de les attaquer pour le moment.

Parmi ces îles, toutes dépendantes des Nénémas et des Belep, les gens les plus féroces de la Mélanésie, les unes étaient habitées: c'étaient Taalon, Paaba, Jéguiéban, Poo et Belep; les autres n'avaient des cases que pour l'époque des semences. Du reste, Pibio nous assurait qu'on s'était partagé les dépouilles de nos camarades; il citait le nombre de cadavres que Taalon, Paaba et Yandé avaient eus en partage; il fallait donc que chacune acquittât sa dette de sang.

Les timoniers de garde signalèrent des pirogues qui accostaient à Taalon, et bientôt nous vîmes cette petite île se couvrir de guerriers. Nos ennemis nous prévenaient, ils fixaient eux-mêmes le champ de bataille. Ce fut ce point que le commandant choisit.

A une heure, tout le monde fut à son poste dans les embarcations, et nous poussâmes, ne laissant à bord que ceux dont les exigences du service rendaient la présence indispensable.

Nous n'étions qu'à quelques milles seulement de la plage, mais, contrariés par un vent violent et des courants rapides, ce ne fut que vers 4 heures que nous atteignîmes le but de nos désirs.

On signale de nouvelles pirogues qui amènent sans doute des renforts à nos ennemis; le commandant veut doubler la pointe Nord de l'île pour couper la retraite aux indigènes; mais la chaloupe est arrêtée par les récifs, et il commande de mouiller.

Nous nous trouvions en ligne : la baleinière, que montait le commandant, à la gauche ; le canot major et la chaloupe à la droite, et au centre le grand et le petit canot.

Les naturels, d'abord répandus sur la plage, se retirent à notre approche, et couvrent les crêtes, tout étonnés de notre immobilité; mais bientôt, à un signal convenu, tout le monde saute à terre.

On avait formé un corps de douze éclaireurs, dont j'avais obtenu la faveur de faire partie. Le commandant, qui se trouve au milieu de nous, nous commande d'avancer à la baïonnette, et, au pas de course, nous gravissons les premières hauteurs, chassant les naturels qui plient, et vont se former en ligne de l'autre côté d'un petit ravin présentant un développement presque égal au nôtre.

Au commandement de halte! notre colonne s'arrête et les naturels, qui croient que nous n'osons pas les poursuivre, s'excitent entre eux et commencent à nous jeter des pierres. La lutte est engagée, chacun de nous presse son arme et brûle de s'en servir. *Feu!* dit enfin celui qui nous conduit. *Feu!* répètent les officiers, et alors les fusils s'abattent et les échos, troublés par un bruit effroyable, vont répéter au loin que l'heure de la justice est venue.

Trompés par notre impatience, tous les coups n'ont pas porté, mais une dizaine de naturels ont mordu la poussière, et parmi eux un grand chef, le fils du Soleil. Aussi, comme ils fuient, ces lâches assassins, qui ne savent pas mourir! comme ils tremblent, ces guerriers terribles qui tout à l'heure nous comptaient en caressant leurs lèvres!

Ils quittent ces lieux qui devaient être témoins de leur victoire, et, sautant rapidement sur leurs pirogues, échelonnées sur le bord du chenal, ils essayent de se sauver sur Paaba; mais là, encore, ils demeurent exposés à nos coups, et ceux que nous n'atteignons pas ne trouvent de salut qu'en se jetant à la nage.

Nous voulons les suivre de l'autre côté, et nous montons à notre tour dans les pirogues qu'ils ont abandonnées; mais, inhabiles à manœuvrer ces embarcations, nous allons moins vite que ces rapides nageurs, et beaucoup nous échappent.

De son côté, Pouthier, dans la baleinière, avait pénétré dans le chenal par le Nord, et, après avoir fait prisonnier un vieillard que ses hommes voulaient tuer, il avait pu se saisir d'une pirogue et immoler de sa main quatre des sauvages qui la montaient.

Sur l'île, le docteur et quelques hommes avaient mis le feu à toutes les cases, et bientôt une couronne de flammes entoura ce théâtre de carnage.

Excités par la poudre, et furieux de voir notre proie nous

échapper, nous avancions toujours, quand une pluie torrentielle vint nous surprendre, et les roulements du tambour nous
apprirent qu'il fallait rallier notre chef.

Un instant plus tard, nous étions tous réunis autour d'un
village en feu ; pour cette fois notre tâche était finie.

En deux heures nous avions tué 24 de ces brigands et blessé
sans doute un plus grand nombre ; brûlé trois villages et détruit
une demi-douzaine de pirogues. Ce début nous promettait une
terrible vengeance, et nous rentrâmes à bord contents de notre
journée. Nous rapportions quelques objets du canot trouvés
dans les cases, qui prouvaient du reste la culpabilité des habitants.

Nos amis savaient déjà notre victoire ; mon fidèle Blondin,
qui avait voulu combattre à mes côtés, nous avait devancés sur
une pirogue, sa part de butin, et, témoin de quelques coups
heureux, il avait raconté l'action à MM. Texereau et Boch avec
tant de chaleur, et en répétant si souvent mon nom, que mes
amis croyaient qu'à moi seul j'avais fait une centaine de victimes.

Taalon châtié, c'était au tour de Jéguiéban et de Paaba. Pour
prévenir la fuite des naturels de ces îles, Pouthier reçut l'ordre,
le 17, de se rendre sur l'île du Massacre, en passant par Yandé :
sa mission avait pour but de faire croire aux indigènes que la
corvette ne pouvait s'avancer plus près d'eux. Il avait l'ordre
d'éviter tout engagement sérieux et devait manœuvrer de façon
à leur faire croire que l'expédition qu'il commandait était la
dernière qu'ils eussent à craindre.

Je ne pouvais manquer une aussi belle occasion ; à 9 heures,
nous quittions le bord dans la chaloupe, emmenant avec nous
l'infatigable frère Jean, et suivis par le canot major, que commandait M. Amet.

Il faisait des grains à chaque instant, mais nos précautions
étaient bien prises ; nos armes à l'abri, nous avancions toujours
avec confiance. Vers 3 heures, nous vîmes se dessiner les toits
élevés d'un village sur la côte Est de Yandé. Les insulaires, en
nous apercevant, courent comme des chevreuils sur les arêtes
des roches et nous font signe d'approcher. Sur la plage nous
distinguons de nombreux groupes de guerriers guettant nos
mouvements ; ils semblent tous plongés dans une sécurité profonde et on dirait qu'ils veulent nous offrir une cordiale hospitalité ; mais entre ces gens et nous il y a onze cadavres, et,
sans nous laisser prendre à leurs dehors trompeurs, nous préparons tout pour la vengeance.

Nous mouillons à cinquante pas environ des cases et le canot major nous imite. Nous avions l'avant à terre et l'artillerie parfaitement placée.

Les naturels, croyant que nous nous préparons à descendre, loin de s'effrayer, s'avancent déjà dans l'eau pour nous recevoir. Tout est préparé, la caronade de la chaloupe est pointée sur le groupe le plus nombreux, le pierrier du canot major a aussi choisi son but, et chacun de nous vise un homme sur la plage. Au commandement de : *Feu!* tout le monde appuie sur la gachette, ou tire un percuteur.... Nos pièces sont chargées à mitraille, nous devons avoir fait un incroyable carnage.... Malheureusement la caronade ne partit pas et quelques hommes seulement furent atteints par nos balles.

On juge de l'effroi de tous ces barbares en se voyant pris à leur propre piége ; de tous côtés ils fuient à toutes jambes derrière les cocotiers, et à peine s'y croient-ils en sûreté que notre caronade tonne à son tour, et les cris déchirants qu'ils poussent de toutes parts nous font croire que le hasard nous a favorisés.

Un instant la plage devient déserte et les cris nous semblent plus éloignés ; nous envoyons encore quelques obus dans les cases et Pouthier donne l'ordre d'appareiller.

Les hommes quittent leurs armes, on dispose les voiles et on veut lever l'ancre ; mais en vain tous les chaloupiers se réunissent, la chaîne ne vient pas ; nous avions un youyou à la remorque : on envoie prendre un renfort d'hommes dans le canot major, et, malgré tout, nous ne pouvons nous dégager.

Nos deux Tahitiens et M. Amet plongent : la patte de l'ancre était prise dans un pâté de corail, et au fond seulement on pouvait espérer de la dégager. Notre jeune aspirant plonge à plusieurs reprises, mais tous ses efforts sont inutiles ; alors, on se décide à couper la chaîne, et avec un marteau le frère entreprend cette longue et difficile opération.

Cependant les naturels, revenus de leur frayeur, commencent à se montrer, et, voyant qu'on ne tire pas sur eux, ils s'avancent sur la plage, brandissent leurs lances et nous jettent des pierres. Quelques coups d'espingole maladroitement tirés les enhardissent encore, et, au bruit de nos armes, ils se contentent de se sauver derrière un arbre, puis reparaissent aussitôt.

Pour mettre un terme à ces fanfaronnades, nous sautons à six dans le youyou et nous allons, aussi près de terre que possible, ouvrir le feu contre les audacieux qui osent se montrer. Malheureusement le mouvement de la houle rend notre tir moins juste ; mais quelques balles qui sifflent aux oreilles des plus osés les tiennent en respect, et bientôt les pierres diminuent : une seule tombe sur le bord de notre embarcation.

Enfin, la chaîne est coupée ; nous hissons nos voiles et nous quittons cette baie après avoir accompli un acte de justice de plus.

La nuit approchait, la pluie n'avait pas cessé de tomber, nous étions tous traversés, la mer était grosse, nos armes avaient souffert : c'étaient de trop mauvaises conditions pour tenter la surprise de Jéguiéban ; nous nous décidâmes à rentrer à bord.

En arrivant, nous apprîmes que le commandant était parti peu de temps après nous, dans le grand canot, pour découvrir le passage cause de tous nos malheurs. Ne pas aller à Jéguiéban c'était déranger les plans de notre chef, si sagement combinés. Après nous être changés et avoir renouvelé nos munitions, nous repartîmes vers 8 heures du soir.

Le 18, au point du jour, nous arrivions en face du village. Le calme le plus profond régnait dans la baie, et déjà nous voyions notre expédition nocturne couronnée du plus grand succès, et notre imagination nous représentait ces farouches ennemis succombant à l'heure du massacre de nos frères....

Les embarcations glissent jusqu'à terre ; on amorce les pièces et nous attendons en silence que les naturels s'éveillent. Au bout d'un instant, voyant que personne ne vient, nous mettons la baïonnette au bout du fusil, et, transformés en fantassins, nous sautons à terre pour fouiller les cases. Quelques coqs fuyant à notre approche, et un chien qui se sauve sur Paaba, sont les seuls êtres vivants que nous rencontrons !

Encore une fois notre attente était trompée ; l'ennemi avait fui, sans doute, précipitamment, car dans les cases nous trouvâmes une foule d'objets précieux à leurs yeux ; ici c'étaient des haches, plus loin des filets et des chapelets de cocos secs encore pleins d'eau. Tout cela nous importait peu ; mais bientôt nous trouvâmes des restes de nos camarades : d'abord un tibia encore couvert de chair, puis des cheveux qui devaient avoir appartenu à Devarenne ou à de Saint Phalle, et qui garnissaient l'extrémité d'un bâton ; enfin, des débris du canot, des dames pendues en guirlandes aux arbres ; quelques feuilles d'un livre, la boîte du compas, le dossier, un mousqueton, un sabre et mille autres riens que nous recueillons religieusement. Ce pieux devoir accompli, nous commençâmes notre œuvre de destruction, et bientôt, de la base au sommet, tout fut en feu sur l'île du Massacre.

Quand nous eûmes détruit toutes les plantations et qu'il ne resta plus rien à ravager, nous ralliâmes les canots et nous nous disposâmes à retourner à bord.

Il était important de savoir si, comme Jéguiéban, Paaba était déserte. Pouthier donna l'ordre à M. Amet de contourner cette île par l'Est, et il fut convenu que je suivrais notre jeune ami ainsi que le frère; la chaloupe reprit la route que nous avions faite la veille.

Comme nous remontions le détroit de Paaba, nous aperçumes, à notre grande joie, des naturels qui semblaient placés en sentinelles sur les hauteurs.

Nous avions avec nous un naturel auquel, j'avais laissé la vie lors de notre descente sur Taalon, à la demande de Blondin qui m'avait juré que c'était un de ses compatriotes. Cet homme, en passant devant un village, nous dit que sa famille y habitait et nous fit demander par le frère la permission de visiter sa case.

Amet avait l'ordre de ne pas descendre; il ne pouvait non plus permettre à un de ses hommes de quitter le canot. Dans l'espoir d'avoir des renseignements plus positifs sur la présence des indigènes, je pris sur moi-même d'accompagner l'ami de Blondin.

Quoiqu'il n'y eût personne dans les cases, nous trouvâmes partout des feux allumés; en sorte que tout nous fit espérer que les Nénémas, n'ayant pas osé passer sur la grande terre, s'étaient réfugiés à Paaba.

Les recherches du commandant avaient été couronnées de succès; le passage était trouvé; l'œuvre de notre cher Devarenne était complétée.

Le 19, à une heure du matin, l'*Alcmène* était mouillée à quelques milles de l'île du Massacre. Par un beau clair de lune notre commandant avec une hardiesse et une habileté incroyables avait conduit la corvette dans cette baie maudite, où jamais, avant nous, aucun bâtiment n'avait osé se risquer.

A quatre heures, nous étions descendus sur Paaba. Toute la journée nous battîmes la campagne; il n'y eut pas un coin d'oublié; mais nos recherches n'eurent pas ce jour-là beaucoup de succès. Les Canaks étaient insaisissables; nous ne pûmes approcher qu'un homme que j'empêchai de tuer dans l'espoir d'apprendre de lui où les siens s'étaient retirés. Ses réponses nous firent croire que les Nénémas avaient fui sur la grande terre, dans la baie d'Onlane, près de la Pointe-Tonnerre.

A l'intérieur, nous brûlâmes trois villages considérables, une foule de cases isolées et nous détruisîmes la plus grande partie des plantations. Sur la côte, M. Boch réduisit en cendres deux autres grands villages, et deux pirogues cachées dans les mangliers.

A notre arrivée à bord, on enferma le prisonnier que nous ramenions avec celui qu'avait fait M. Pouthier, et on plaça Blondin aux écoutes.

Un instant après, notre espion vint dire au frère ce qu'il avait entendu. Après s'être salués, les deux prisonniers s'étaient pris à déplorer la mort de leurs guerriers ; puis le nouvel arrivé avait appris à son camarade que les Paabas s'étaient cachés, tout le jour, dans les mangliers et qu'ils devaient passer la nuit dans une vallée qu'il désignait. Quant aux Jéguiébans, avait-il ajouté, ils sont partis pour Onlane.

Ces renseignements étaient précis, nous ne pouvions manquer de surprendre nos ennemis ; mais la fatigue des hommes paraissait un obstacle à l'exécution de ce projet. Cependant M. d'Harcourt consentit à laisser descendre M. Texereau avec quarante hommes, s'il pouvait les trouver.

Quand cette nouvelle fut connue de l'équipage, tout le monde voulut faire partie du détachement. On dressa une liste de ceux qui parurent avoir le plus de droits, et il fut convenu qu'à minuit nous partirions.

A l'heure dite, la chaloupe et le grand canot nous déposaient à terre, en face de la corvette. Nous étions en tout quarante-huit, y compris le frère Jean qui ne pouvait manquer une aussi belle occasion, et Blondin et Pibio, nos fidèles alliés.

A la clarté de la lune, nos gravîmes en silence les hauteurs qui dominent la côte. Arrivés au sommet, nous distinguâmes parfaitement la vallée où dormaient ceux que nous espérions surprendre. M. Texereau après s'être bien fait rendre compte de la position et avoir pris de Pibio plusieurs renseignements, nous divisa en trois pelotons.

Le terrain où nous devions agir était à nos pieds ; de chaque côté s'élevaient de hautes montagnes qui entouraient la vallée et s'en allaient finir en pente douce au bord de la mer qui nous faisait face. Le premier peloton commandé par notre lieutenant devait rabattre l'ennemi vers la plage où l'attendait M. Boch avec la baleinière. Les deux autres, déployés sur les côtés en tirailleurs, avaient pour mission de couper la retraite aux sauvages, dont pas un ne pouvait nous échapper si nos mouvements se faisaient avec précision.

Il fut convenu que nous ne nous mettrions en marche qu'au jour, et, en attendant, notre jeune capitaine nous désigna, à droite et à gauche de la position qu'il occupait, un poste que nous devions garder ; et, après nous avoir bien fait sentir l'importance de l'ensemble de nos manœuvres, il nous fit partir.

Aux premières lueurs du jour, le peloton du milieu et celui de droite, que m'avait confiés mon ami, se mirent en mouvement ; mais quand nous fîmes notre jonction au point convenu, nous aperçûmes devant nous sur la plage le détachement de gauche reposé sur les armes. La précipitation de nos camarades avait tout perdu, et les indigènes nous échappaient par le jour qu'ils avaient laissé entre eux et le peloton du milieu. Nous courûmes vers ce point pour essayer de réparer leur faute ; mais quatre fuyards seulement tombèrent sous nos coups, le reste s'enfuit, et certes, à en juger par les huttes qu'ils s'étaient construites dans les broussailles, ils étaient assez nombreux pour nous payer de nos fatigues si nous les avions surpris.

L'expédition de la veille nous avait prouvé l'inutilité d'une battue. Après avoir mis le feu à un village oublié, nous rentrâmes à bord.

Nous avions fait pour venger nos camarades tout ce que le temps et la nature de nos ennemis nous permettaient ; il nous restait un pieux devoir à accomplir ; le 21, tous leurs restes, recueillis dans nos différentes expéditions, furent placés dans une caisse et nous leur rendîmes les honneurs funèbres. Au milieu d'un profond recueillement, j'essayai d'être l'interprète fidèle des sentiments de tous et je prononçai quelques paroles dictées par mon cœur. Puis la mer se referma, pour toujours, sur ceux que nous n'avions pu sauver.

Fatigué de courir après un ennemi insaisissable, le commandant décida que nous quitterions ces parages le 24 décembre ; mais, auparavant, il voulut reconduire, hors de tous dangers, les naturels qui nous avaient servis, dans toutes nos expéditions, avec zèle et courage, et, le 21 au soir, nous partîmes pour nous acquitter de ce devoir.

Il y avait la chaloupe commandée par M. Pouthier, le canot major, sous les ordres de M. d'Ehrensvard, et le grand canot monté par le commandant qui avait pris Amet pour élève de corvée. J'étais avec le frère Jean dans cette embarcation, le docteur Proust s'était embarqué dans la chaloupe.

Nous avions, outre l'armement en guerre des canots, cinquante hommes de la compagnie de débarquement. Notre but était, avant tout, de jeter les Baladiens au delà d'Onlane pour les sauver des mains des Nénémas; mais, nous devions aussi essayer de surprendre nos ennemis. Enfin la chaloupe emmenait les deux prisonniers faits sur Taalon et Paaba. L'un d'eux sur lequel on avait trouvé des lettres du canot devait être fusillé sur la grande terre; quant à l'autre on devait lui rendre la liberté pour qu'il allât apprendre aux Nénémas ce dernier acte de la justice des blancs.

Nous n'étions pas à 3 encablures du bord qu'une pluie torrentielle commença à tomber, et bientôt nous fûmes plongés dans une obscurité profonde. La chaloupe touche, mais elle se tire de ce premier danger, et dans une éclaircie nous l'apercevons à son poste. Bientôt l'orage fond sur nous avec impétuosité, et dès cet instant nous cessons de voir.

Dans le grand canot le commandant fait amener la voile. Malgré cette manœuvre, le vent nous pousse, et avant d'avoir pu éviter ce danger nous sommes jetés sur les récifs, le patron troublé n'exécute pas l'ordre qu'il reçoit et nous chavirons aussitôt. Dans ce moment critique Blondin accourt vers moi et m'offre de me conduire sur l'île que nous apercevons à cent pas environ. Je le suis; par bonheur nous étions sur l'île déserte de Taanlé. Je rapportai bien vite cette bonne nouvelle au commandant et nous nous mîmes tous à porter à terre ce qui restait dans le canot. Puis, quand il fut vide, nous le poussâmes à son tour au sec.

Nous nous établîmes dans une case que Blondin était parvenu à découvrir. Un de nos hommes avait par hasard *une* allumette dans son bonnet de travail avec deux cartouches, grâce à ce secours on parvint à allumer du feu, et nous nous empressâmes de nous sécher.

Au jour, le récif était à sec, on retrouva toutes les armes qui étaient tombées du canot la veille. Une valise appartenant au commandant et son sabre furent les seuls objets perdus.

Le canot faisait beaucoup d'eau; cependant il n'avait rien de démoli. A l'aide des outils qu'on avait sauvés, le frère Jean et un charpentier du bord parvinrent à le mettre en état et le commandant partit avec Amet, me laissant sur Taanlé avec dix hommes.

Nos compagnons de la chaloupe et du canot major en avaient été quittes pour les averses de la nuit. Du reste, ils avaient pu continuer leur route sans accident et le 22 au matin, Pouthier mit à terre tous les Baladiens qu'il avait avec lui. En s'en revenant, il fit la rencontre d'une pirogue montée par vingt-six indigènes ; mais, comme nos hommes ne rencontrèrent pas la moindre trace de pillage sur aucun de ces malheureux, ils la laissèrent aller.

Rien ne le retenant plus, Pouthier allait se mettre à la recherche du commandant, quand il aperçut le grand canot. Les deux embarcations furent bientôt réunies et rallièrent le canot major.

Renonçant à son projet de surprise des Nénémas, M. d'Harcourt donna l'ordre au canot major de venir à Taanlé prendre une partie de ceux qu'il y avait laissés, et escorté par la chaloupe il alla déposer Blondin sur la grande terre. Après avoir laissé ses instructions à Pouthier, relativement à l'exécution du prisonnier, il revint à bord par le détroit de Paaba. Sa mission accomplie, la chaloupe vint à son tour à Taanlé. Déjà cinq hommes étaient partis dans le canot major ; mais pénétré des obligations que m'imposait ma charge de gouverneur, je ne quittai mon île que le dernier, emportant le pavillon que nous avions hissé sur le gouvernement. Il va sans dire que nous mîmes le feu à ces pauvres cases qui nous avaient été si utiles et que nous détruisîmes tout ce que nous ne pûmes pas emporter. Enfin, je m'embarquai, fier d'avoir régné pendant vingt-quatre heures sur un territoire de quelques milles de tour que, dans mon orgueil, j'osai appeler l'île Bérard.

Nous étions tous harassés ; la pluie, notre fidèle compagne, ne nous quittait plus. Nos alliés étaient en sûreté ; les chaloupiers avaient tiré les derniers coups de fusil, nous croyions n'avoir plus qu'à partir et, le 23 au matin, nous nous disposions à reprendre nos habitudes paisibles, quand, à neuf heures, le timonier de veille signala un grand nombre d'indigènes sur Jéguiéban.

Commandant, officiers, matelots, tout le monde se précipita sur le pont pour s'assurer du fait. Le timonier avait dit vrai. Plus de doute, ce sont, disons-nous, les habitants de Jéguiéban qui reviennent et veulent accepter le combat.

En moins de vingt minutes chacun s'est armé ; le lieutenant, qui est partout, a fait distribuer des munitions, les canots sont prêts et la baleinière a poussé du bord.

Notre embarcation vole, et déjà, brûlant d'en venir aux mains, nous choisissons le groupe le plus nombreux pour l'attaquer, quand je reconnais Bonéone, le chef d'Arama qui, tout effrayé de notre manière d'entrer en matière, s'avance vers nous, la *tapa*[1] de rigueur à la main, et se met à nous débiter un discours. C'étaient nos alliés qui, fidèles au rendez-vous, venaient achever la ruine de nos ennemis communs. Il n'y avait pas de temps à perdre. La chaloupe avait déjà tourné l'île et, ignorant ce qui se passait, elle allait peut-être mitrailler des gens qui se disaient nos amis et qu'il était au moins politique de croire. Pendant que Pouthier avec ses baleiniers essaye de joindre la chaloupe par mer, je cours par les crêtes avec Dauvergne et Magnier et, en moins de dix minutes, nous arrivons de l'autre côté. Par un hasard providentiel, le commandant avait arrêté le chef de pièces au moment où il se disposait à tirer sur un groupe qui n'avait pas paru à notre chef assez nombreux, et nous pûmes le prévenir à temps.

Il est probable que, si un seul coup de fusil avait été tiré sur les Aramas, ils auraient essayé de nous faire un mauvais parti, à moi et à mes deux compagnons ; mais, dans la prévision d'une pareille éventualité, je m'étais assuré de la personne de mon ami Bonéone, qui m'avait suivi de l'autre côté, et à la moindre apparence de danger, nous nous en serions fait un bouclier jusqu'à l'arrivée de nos gens. Grâce au Ciel tout alla pour le mieux, et Bonéone ne s'est certainement pas douté de mes intentions à son égard.

J'ai su depuis que MM. Texercau et Boch, qui suivaient tous nos mouvements du bord, en m'apercevant sur les hauteurs avec mes deux matelots entourés d'une troupe d'indigènes qui avaient l'air de nous poursuivre, eurent un instant la pensée de tirer à boulets sur l'île pour effrayer les sauvages.

Nous déjeunâmes sur Jéguiéban et, chassés par la pluie, nous livrâmes à la rapacité des gens d'Arama et de Coumac tout ce qui restait de nos ennemis les massacreurs.

Le lendemain 24 décembre, nous quittions le mouillage. Nous avions, depuis le 16, tué environ trente individus, brûlé quinze villages, détruit douze grandes pirogues, ainsi que les plantations de quatre îles, et les farouches indigènes échappés à nos coups erraient sur la grande terre, sans abris et sans ressources, exposés à une mort inévitable de la part des tribus

---

[1] Pièce d'étoffe en écorce d'arbre.

d'Arama et de Coumac, leurs mortels ennemis. Avec une plus parfaite connaissance des lieux, nous aurions pu faire davantage; mais, si on veut penser aux dangers d'une navigation sans précédent comme la nôtre, et au peu de ressources qu'offre un bâtiment isolé, on ne trouvera pas assez d'éloges pour le chef dont l'esprit a osé concevoir toutes ces choses, et pour l'équipage qui les a accomplies.

En partant, le commandant fit afficher dans la batterie un ordre du jour par lequel il remerciait le second et l'équipage du concours qu'il avait trouvé près de tous, et il nous renouvela l'assurance qu'il ferait valoir près du gouvernement les droits de nos malheureux compagnons à sa sollicitude.

En passant près de Yandé, nous jetâmes sur un de ses villages les boulets et les obus de bâbord; ce fut notre adieu à la Nouvelle-Calédonie.

Grâce au passage découvert le 17 par M. d'Harcourt, à quatre heures nous étions dans l'O., naviguant en pleine mer, le cœur léger de nous sentir enfin hors des récifs que depuis si longtemps nous n'avions pas quittés.

Le 30 décembre, nous arrivâmes à l'île des Pins, où la nouvelle de notre malheur rencontra les plus vives sympathies de la part de nos compatriotes de la mission.

Le lendemain, les pères Maristes vinrent célébrer à bord un service funèbre en mémoire de nos malheureux compagnons de l'expédition Devarenne. Après ce dernier devoir, nous nous préparâmes à commencer la nouvelle année en priant Dieu d'étendre sur nous sa main miséricordieuse et d'éloigner de nouveaux malheurs.

TASMANIE. — HOBART-TOWN. — NOUVELLE-ZÉLANDE. — NAUFRAGE DE L'ALCMÈNE.

Le 2 janvier 1851, nous fîmes nos adieux aux pères et nous partîmes pour Hobart-Town, capitale de la Tasmanie.

Cette fois encore, par le travers de Middleton, nous essuyâmes un coup de vent qui nous empêcha de reconnaître cette île. Une nuit, nous passâmes à ranger la pyramide de Ball, roche isolée, perdue au milieu de l'océan Pacifique, et, après avoir été retenus devant le détroit de Bass par des brises très-fraîches et une mer assez forte, nous arrivâmes en vue de Hobart-Town le 12 janvier, dix jours après notre départ de l'île des Pins.

Les côtes de la Tasmanie ont l'aspect aussi sombre que celles de l'Australie, mais leur caractère est plus imposant; cela est dû aux roches basaltiques qui l'entourent et qui affectent les formes les plus capricieuses. Les vues jointes à la carte de d'Entrecasteaux sont tellement exactes, qu'elles suffiraient pour piloter un navire dans l'entrée.

La Tasmanie ou terre de Van Diemen se prolonge du 41e au 44e degré de latitude S. et du 143e au 146e degré de longitude E. ; sa largeur et sa longueur sont d'environ 150 milles, et sa superficie de 4,460 lieues carrées.

Hobart-Town et Lanceston sont les deux villes principales ; une belle route mène en douze heures d'une de ces villes à l'autre.

La première est située sur la Derwent, large rivière que remontent les bâtiments jusqu'au port, et qui s'avance de là à une grande distance dans les terres.

La seconde, sur la Tamar, à 45 milles de son embouchure. Cet éloignement de la mer et la fixité du vent qui suit le cours du fleuve rendent ce port assez défavorable pour les bâtiments à voiles. Mais son voisinage de Port-Philippe (Victoria) permet à des bateaux à vapeur de mettre en un jour l'Australie et la Tasmanie en communication.

Outre la Derwent et la Tamar, on compte encore sept ou huit rivières de moindre importance, qui répandent la vie dans tout le pays.

Le climat de la Tasmanie est beaucoup moins aride que celui de l'Australie, et sa fertilité s'en ressent. On trouve dans cette île tous les produits du grand continent joints à ceux de l'Europe.

On y exploite des mines de charbon et d'ardoises, mais l'agriculture est le côté vers lequel se sont tournés les émigrants.

Le long du canal de d'Entrecasteaux, il y a des forêts d'un arbre gigantesque, le gommier bleu, qui seront longtemps une source de fortune pour les constructeurs de navires.

Les animaux sont les mêmes qu'en Australie, à peu d'exceptions près.

Hobart-Town, la capitale de ce petit empire, est construite au fond de Sullivan-Bay, au pied du mont Wellington, la plus haute montagne de l'île, dont le sommet est toujours couvert de neige.

Cette ville est bien percée ; ses rues sont larges, ses maisons élégantes, et une foule de petits jardinets lui donnent un air de coquetterie que n'a pas Sydney.

On ne rencontre pas autant de grands établissements indus-
triels que dans la capitale de l'Australie, quoique cependant il
y en ait de considérables.

Parmi ceux-ci, on doit citer en première ligne l'établissement de M. Degrave, que je me rappelle avec d'autant plus de
plaisir que son directeur est d'origine française.

On trouve dans le port d'Hobart-Town un assez grand nombre de navires d'un faible tonnage, qui se livrent à la pêche de
la baleine et des phoques. Cette industrie est sans doute appelée à prendre une grande extension par suite de l'avantage
qu'ont ces pêcheurs, qui ne quittent le port que pour quelques
jours, sur les étrangers qui sont obligés d'avoir recours à des
armements coûteux qui diminuent d'autant leurs produits.

Les environs d'Hobart-Town sont pleins d'attraits ; de tous
côtés les terres sont cultivées avec un soin extrême, et les propriétés de plaisance y sont nombreuses et fort jolies.

Les édifices publics n'ont rien de bien remarquable ; il y a
cependant à citer, comme dignes d'intérêt, le palais de justice, la
prison, le temple, l'église catholique, le jardin public, les quais,
l'hôpital des fous et l'école des orphelins ; et il y a tout lieu de
croire que, plus tard, Hobart-Town se distinguera de Sydney
par le bon goût de ses constructions.

L'argent est, en Australie, le mobile de toutes les actions,
et l'on ne paraît pas se douter que les arts méritent la moindre
attention.

En Tasmanie, au contraire, on a le sentiment du beau, et on
fait de grands efforts pour initier la génération nouvelle aux
merveilles du vieux monde.

Tous les ans, des amateurs s'entendent pour faire des expo-
sitions de tableaux , et des sociétés philharmoniques entretiennent sans cesse le goût de la musique dans toutes les classes.

L'éducation des jeunes créoles est l'objet de la sollicitude de
leurs parents, et elle est aussi soignée que possible. A Sydney,
au milieu d'une foule nombreuse, nous ne rencontrions que
par hasard une demoiselle qui parlât français, tandis qu'à Hobart-Town, très-peu ignorent notre langue.

Je m'en voudrais de ne pas saisir cette occasion pour dire
combien nous fûmes heureux de rencontrer dans cette colonie
un de nos compatriotes, M. O. Tondeur, qui nous ouvrit sa
maison et fut pour nous d'une amabilité exquise.

Il y a sans doute dans le monde australien bien des personnes élégantes et pleines de distinction, mais la société de la

Tasmanie est plus uniformément composée et se rapproche davantage de celle de l'aristocratique Angleterre.

En Australie, on ne trouve guère, il est vrai, que des commerçants, et en Tasmanie que des propriétaires ; peut-être cela explique-t-il la différence que les étrangers ont toujours remarquée entre les deux sociétés.

Pour nous, pendant les quatre mois que nous avons passés dans cette bonne ville d'Hobart-Town, nous n'avons cessé de rendre hommage à l'affabilité de tous ses habitants, et nous nous rappelons toujours avec un extrême plaisir les heureux instants que nous avons vus s'écouler au milieu d'eux.

A Sydney, nous avions vu des fêtes brillantes ; à Hobart-Town on nous a fait l'honneur de nous laisser jouir des délices d'une intimité pleine de charmes.

Grâce au climat tempéré de cette île, les créoles qui y naissent n'ont pas le teint hâlé des Australiens, et la jeune population est aussi belle que bonne.

Malheureusement, à côté de cette vigoureuse population qui naît, il y en a une autre qui disparaît.

A peine reste-t-il des sauvages habitants de l'île une vingtaine d'individus. Depuis que cette pauvre race est réduite à l'impuissance, elle est devenue l'objet de la sollicitude du gouvernement. On a construit pour eux une espèce de caserne où ils vivent réunis, pourvus de tout ce qui peut leur être nécessaire, et c'est un médecin qui dirige cet établissement.

Il y a là des hommes et des femmes ; mais depuis plusieurs années qu'ils vivent ensemble, ils n'ont donné le jour à aucun enfant, et il est probable qu'avant longtemps il ne restera plus un seul des anciens Tasmaniens au monde.

Les noirs disent que là où vont les blancs les Kanguros disparaissent.

Dieu aurait-il voulu que notre contact fût aussi pernicieux pour ces pauvres gens !

La Tasmanie et la Nouvelle-Zélande étaient déjà les greniers de l'Australie, et, si l'appât des richesses faciles ne leur enlève pas leurs colons, elles sont appelées toutes deux à un brillant avenir, jusqu'au jour où elles auront aussi trouvé leurs mines d'or.

Hobart-Town exportait ses produits jusqu'en Californie, quoique ce pays ne lui fournît rien en retour. Ces relations auront dû cesser, et probablement qu'aujourd'hui le commerce de la Tasmanie se centralise à Sydney.

Partis d'Hobart-Town le 22 mai, nous nous trouvions le 1er juin à 24 lieues environ de la côte Ouest de la Nouvelle-Zélande, et chacun de nous espérait bientôt atteindre le port de Wangaroa, où, disait-on, nous devions prendre du bois pour la colonie de Tahiti. Le temps, qui nous avait été favorable jusqu'alors, devint à grains, et le 2 il nous fut impossible de faire la route donnée par le commandant, qui, variant entre le N. O. et l'O. N. O., fut enfin l'Ouest.

Quoique rien ne dût nous faire croire qu'un malheur nous attendît, nous étions tous sous le coup d'une inquiétude très-vive, que plus tard nous qualifiâmes de pressentiment.

Vers six heures la tempête se déclara, et nous entendîmes M. Pouthier, alors de quart, faire le commandement de : *Tout le monde sur le pont !*

En croisière pendant trente-cinq jours au cap Horn sans pouvoir le doubler, j'avais vu la corvette contrainte de fuir devant le temps ; je l'avais vue, ballottée sur la lame, disparaître comme un frêle esquif entre deux montagnes d'eau ; j'avais entendu le vent siffler avec furie dans les cordages, et, pendant ces heures de lutte avec les éléments, le calme des uns et l'insouciance des autres m'avaient toujours persuadé que la victoire nous resterait ; mais cette fois je crus le dernier jour de l'*Alcmène* arrivé.

Quand je mis le pied sur le pont, nous avions la misaine et les huniers au deuxième ris, et on commandait de filer les écoutes en bande et de carguer partout. Au milieu d'une obscurité profonde, coupée seulement par l'écume blanchissante des lames, dont les crêtes se dessinaient de tous côtés, la corvette semblait prête à s'abîmer sous le poids de ces masses gigantesques, et, comme si rien ne devait manquer à l'horreur de la situation, le vent, mêlant sa voix menaçante à la sauvage harmonie des flots, courbait les mâts sous son souffle puissant.

Une heure plus tard, l'*Alcmène*, débarrassée de ses voiles et à la cape sous le petit foc, le foc d'artimon et le grand hunier au bas ris, sortait victorieuse de la lutte et paraissait vouloir attendre sous cette prudente allure que la tempête exhalât son dernier cri de fureur.

Je descendis dans le carré, où se trouvaient MM. Proust et d'Ehrensvard, et nous examinâmes la carte. Il n'y avait pas eu d'observations ; nous fîmes le point estimé, et nous demeurâmes convaincus que si le vent ne changeait pas nous étions perdus.

Comme nous allions essayer de nous reposer, le major fut tour à tour appelé près de Méchain, un des gabiers d'artimon, qui avait été jeté sur le pont en travailllant à assurer le canot major ; puis près de Bagarry, le patron de notre canot, qui venait d'avoir la jambe droite broyée entre un des porte-manteaux et les bastingages.

Toute la nuit se passa dans l'inquiétude. Des hommes sûrs tenaient les écoutes à la main, et on les filait à chaque moment pour les rétablir un instant plus tard.

Je parvins pourtant à m'endormir, et je reposais déjà depuis quelques heures, quand M. d'Ehrensvard vint m'annoncer qu'on apercevait la terre. Je compris, à son air désolé, que je n'avais rien de bon à augurer de cette nouvelle, et, après avoir envoyé un baiser à ma femme et à ma fille, je me rendis sur le pont.

Il pouvait être six heures ; le jour se faisait, et, à travers les dernières ombres de la nuit, on voyait se dessiner, à 8 milles de nous à peine, les hautes montagnes, sur une ligne sans fin.

L'équipage était muet, les yeux seuls parlaient une langue si expressive que l'on voyait que tous cherchaient à percer le voile qui nous masquait encore la côte pour savoir de quelle nature était cet ennemi nouveau que nous allions avoir peut-être à combattre.

Debout sur une caronade à bâbord-arrière, le commandant, les coudes appuyés sur les bastingages, interrogeait l'horizon, espérant toujours voir la brise adonner. A chaque instant on l'entendait demander : Où est le cap? Et sur l'invariable réponse du timonier : à l'O. N. O., il continuait de chercher au loin l'apparence d'un secours du Ciel.

Pendant que je l'examinais, le lieutenant vint demander si on laverait le pont ; sans doute, fit-il ; et nous entendîmes, à notre grand étonnement, le commandement de : *Chacun à son poste de propreté !* Bien peu obéirent, mais pour un moment les esprits furent occupés, et je comprends maintenant de quelle importance cela était alors. Un peu plus tard, on l'entendait encore, entre deux grains, recommander de ne pas jeter sur le pont les seaux qui servaient à vider l'eau de la batterie, et ce soin qu'il prenait d'objets de peu de valeur fit croire à beaucoup que notre position n'était pas désespérée.

Mais la tempête grondait toujours au-dessus de nos têtes. La côte grossissait à vue d'œil, et déjà nous voyions les lames briser devant nous! Notre perte était évidente, à moins que le Ciel ne fît un miracle en notre faveur.

Décidé à lutter jusqu'au dernier moment, le commandant fit tour à tour larguer les trois huniers et les troisième et quatrième ris de ces voiles, puis celui de la misaine, et enfin on établit la brigantine.

Jamais l'*Alcmène*, dans ses plus beaux jours, n'avait été si belle! Soulevée par instants sur une lame immense, elle paraissait victorieuse, et on eût dit qu'elle allait se frayer un passage malgré ses ennemis; mais bientôt, écrasée par une nouvelle lame, elle cédait épuisée de son dernier effort, et, entraînée malgré elle, on la voyait glisser sur le dos de cet autre agresseur qui l'attirait vers la terre.

Tantôt assis sur le banc de quart, tantôt à genoux pour ne pas me laisser aller au roulis qui, à chaque moment, semblait vouloir nous lancer à la mer, aucun détail de cette scène terrible ne m'échappa, et je ne puis mieux faire, pour essayer d'en rendre l'effet, que de dire que, tout à mon admiration, je me sentis l'âme élevée assez haut pour ne pas éprouver une minute de faiblesse.

Le canot du commandant, d'abord soulagé, fut enlevé comme si d'habiles mains eussent seulement largué les garants.

Le chef s'avança vers le banc de quart et prévint le commandant de la perte de son canot. C'est bien! lui dit M. d'Harcourt; et, en se retournant, il put apercevoir son embarcation à la traîne.

Quoique le vent soufflât toujours avec autant de violence, nous crûmes voir une éclaircie, et le baromètre monta en effet; mais il était trop tard; désormais tout était fini. Nous pouvions compter les minutes qui resteraient à la corvette et dire la place où elle irait se briser. M. Pouthier vint vers moi, et lisant dans ses yeux notre arrêt commun, je lui tendis la main, qu'il serra affectueusement. Hélas! une autre fois déjà, en Calédonie, nous avions échangé cette étreinte fraternelle en présence d'un danger qui nous menaçait; mais alors nos ennemis n'étaient que des hommes, et nous avions chacun un fusil pour seconder notre courage!

Nous allions périr, et cependant pas une plainte ne troublait l'affreuse monotonie de la tempête. On attendait, et jusqu'au dernier moment on voulait espérer..... En effet, tout à coup, comme si la Providence daignait récompenser cette confiancé en sa miséricorde, les voiles furent masquées. Alors, au-dessus du bruit des flots et des vents déchaînés, un cri s'échappa de toutes les poitrines haletantes et dut monter jusqu'à Dieu..... Sauvés! sauvés! s'écria-t-on de toutes parts. Sauvés! que d'actions de grâces, que d'adoration dans ce seul mot répétés à l'envi!

Un instant il y eut confusion, et on eût dit que chacun ne pensait qu'à embrasser son ami; mais, à la voix du commandant, tous se précipitèrent à la manœuvre.

Hélas! trompés par une lame de terre, nous avions cru à un changement de vent qui devait nous éloigner de la côte, tandis que nous courions sur elle à toutes voiles........

Le commandant, qu'un fol espoir n'avait pas abusé, mit à profit notre erreur pour nous conserver la dernière chance de salut qu'il nous appartînt de chercher, en choisissant le lieu du naufrage, et en nous rapprochant le plus possible de la côte. Lancés avec une vitesse fabuleuse, nous ne tardâmes pas à toucher...... La corvette donna d'abord un coup de talon, puis un autre, et au troisième nous la sentîmes s'ébranler sous nos pieds....... Enfin, succombant sous la force des lames qui l'écrasaient de leurs masses terribles, elle s'abattit;...... mais, poussé par des lames de retour, son arrière s'évita parallèlement à la côte, et elle se redressa comme par un mouvement convulsif, présentant son pont au large; puis, retombant épuisée de ce suprême effort, elle demeura immobile.....

......... Le premier moment de stupeur passé, nous comprîmes que si elle se redressait encore c'en était fait de tous; aussi, sur l'ordre du commandant, on coupa le grand mât afin de la maintenir dans cette position. Ce fut notre jeune élève Amet qui se dévoua, avec quelques hommes déterminés, pour cette œuvre de salut.

Au premier abord, la terre me parut très-proche, et déjà je me disposais à sauter à l'eau, quand, heureusement pour moi, un nouveau regard jeté sur la côte m'avertit de l'imprudence d'une pareille tentative, et je me décidai à attendre.

Des hommes se dirigeaient vers la grande hune, je les suivis; et, arrivé près du bastingage de tribord, je trouvai le pauvre Bagarry, qui, traînant derrière lui son membre déchiré, avait atteint, malgré d'atroces souffrances, le point où il croyait trouver le salut. Nous le portâmes à l'abri du bastingage de bâbord, et je revins sur la grande vergue où je rencontrai le docteur et plusieurs hommes.

Déjà quelques marins, effrayés peut-être ou trop sûrs d'eux-mêmes, avaient disparu en essayant de gagner la côte. Mais les Canaks de Tahiti étaient seuls arrivés à terre. On voulut essayer d'établir un va-et-vient, et on mit le youyou à l'eau après bien des peines. Il fallait un grand courage pour tenter une entreprise dont le péril était imminent; cependant, sans se préoccuper du danger et ne voyant que la possibilité de secourir leurs compagnons, M. Texereau, notre second, Aimé, un de mes parents, et Gayon, un autre matelot, se jettent dans l'embarcation et poussent au large.........

D'abord enlevé sur le dos d'une lame, le youyou parut lancé vers la plage ; mais la même lame, en se retirant, le rejeta sur la grande vergue, où il s'emplit aussitôt..... Nous n'eûmes, grâce au Ciel, aucun malheur à déplorer, et ces hommes dévoués purent se sauver.

Je rentrai à bord, et j'aperçus alors, pour la première fois depuis la veille, M<sup>me</sup> d'Ehrensvard, qui, debout à l'abri du bastingage, pâle, les cheveux épars, les bras passés autour du cou de son mari, semblait plutôt l'ange protecteur de ce pauvre malade qu'une faible femme victime de notre naufrage. Calme au milieu du danger, elle paraissait ne songer qu'à celui qu'elle aimait, et attendait, sans proférer une plainte, que Dieu eût fixé son sort. Peut-être la vue de cette résignation rendit-elle l'espérance et la force à plus d'un homme de l'équipage prêt à s'abandonner à son désespoir.

Je n'essayerai pas de peindre toute l'horreur de ces heures pendant lesquelles nous restâmes dans l'attente, cherchant sous le bastingage un abri contre les lames qui, après s'être brisées sur le flanc de la corvette, remontaient en gerbes énormes, puis retombaient sur nos têtes de minute en minute, glaçant nos membres déjà transis par le froid..... C'était à fendre l'âme de voir passer devant nous, emportés par le torrent, les malheureux dont les mains s'étaient inutilement cramponnées aux sables mouvants de la plage, et que nous ne devions plus revoir....Je vois encore notre vieux maître charpentier, mourant de froid dans les bras de son commandant.......; et ce pauvre Rousselot, écrasé sous les espars du pont...... J'entends encore les cris des mourants et les gémissements des faibles........ Mais, au milieu de cette scène de douleur, je me plais à me rappeler les efforts de mon camarade M. Pouthier, que Dieu nous rendit miraculeusement au moment où déjà nous pleurions sa perte; et M. Amet, notre jeune et vaillant ami, qui, entraîné une première fois loin du bord, ne perdit pas courage, et retourna de nouveau à terre pour essayer d'établir le sauvetage.

Nous étions nombreux, et ne prévoyant pas l'effet de la marée, en présence d'une mer aussi forte, nous nous demandions s'il nous serait possible d'attendre longtemps des secours sans lesquels nous nous croyions perdus. A chaque nouvelle lame, le navire craquait sous nos pieds, et il y avait à craindre que, cédant enfin, le bastingage ne tombât entraîné par le mât d'artimon. Devant cette triste perspective, nous prîmes le parti d'agir, et essayâmes de tous les moyens pour établir un va-et-vient. Nous jetions à la mer des échelles, des morceaux de bois, au bout desquels nous fixions une ligne, mais chaque fois la mer rompait le filin et le bois arrivait seul. Plusieurs hommes se dévouèrent ; Marsac et Breniel réunirent leurs efforts, mais ils ne furent pas plus heureux. Enfin, Carletti, le maître d'hôtel du commandant, eut la chance de réussir, et nous établîmes un va-et-vient.

Durant toutes ces tentatives qui tenaient les esprits en suspens, le temps s'était écoulé et avec lui la mer basse s'était faite. On pouvait alors, par instant, atteindre la côte en courant de la grande hune. Néanmoins plusieurs, au moment de toucher la terre, s'étaient vu rejeter contre le bord au risque d'être broyés par des débris de toutes sortes.

Enfin, vers quatre heures, nous quittâmes la corvette avec les blessés. Le commandant y était resté seul ; il descendit à son tour avec M. Boch qui était retourné le chercher.

A la marée haute, il ne resta plus de ce qu'avait été l'*Alcmène* qu'une masse noire d'où se détachaient, semblables à deux bannières de deuil, les mâts de misaine et d'artimon !... C'était le 3 juin 1851.

Quand tout ce qui survivait de l'équipage fut réuni, je demandai au commandant la permission de partir avec six hommes pour aller à la recherche de quelques secours. « Je venais, me répondit-il, vous dire de vous disposer. » Je le remerciai d'avoir bien voulu penser à moi, et, après avoir pris ses ordres, je choisis les nommés Pempeny, Gibrat, Boulin, je leur adjoignis deux Canaks des Pomotou et deux des Wallis, et après avoir serré la main de mes amis, je plaçai, dans le sable, une croix pour ceux qui n'étaient plus, et je partis plein d'espoir.

Nous marchâmes pendant une heure environ, ne nous entretenant que des chances que nous avions de réussir, et j'évitai de revenir sur les scènes terribles dont nous venions d'être témoins. Les deux Pomotous étaient en tête, puis j'arrivais avec mes trois hommes, et derrière nous venaient les Wallisiens qui, fatigués de leurs efforts pour sauver des hommes, ne pouvaient marcher aussi vite que nous.

La nuit approchait ; je vois, au loin, la ligne sablonneuse des montagnes qui suit toute la côte Ouest ; ignorant s'il me fallait longtemps marcher encore, je fis faire halte. Mes provisions consistaient en un canard, rejeté mort sur la plage, et en une bouteille de vin ; je donnai à chacun un coup à boire, et ainsi réconfortés, nous reprîmes notre course.

Après avoir marché pendant plus d'une heure, nous aperçûmes un feu. Toute notre petite troupe s'arrêta subitement. « Tanata ! » me dirent mes Pomotous d'une voix très-basse. Je n'avais pas été moi-même maître d'un moment d'hésitation. La veille, le docteur et moi, nous avions lu dans Balbi que les Nouveaux-Zélandais étaient anthropophages, et j'avoue que la perspective d'une rencontre avec eux ne me souriait guère. Cependant, comprenant que c'était à moi de donner l'exemple, j'ordonnai à mes hommes de me suivre, et les devançant de quelques pas, j'allai droit vers le feu. Quand je fus assez près, quoique je ne visse personne, je saluai ceux que j'espérais trouver d'un *tanakoé* (bonjour), que je m'efforçai de rendre sonore, et que répétèrent les Canaks de ma suite ; mais personne ne répondit. Comme nous nous étions toujours rapprochés, nous nous convainquîmes que, soit qu'il eût été allumé par des hommes, soit qu'il fût le résultat d'un phénomène volcanique, ce feu était complétement abandonné. Nous fîmes cuire notre canard, et, après ce léger repas, nous séchâmes nos vêtements, et nous creusant chacun une place dans une espèce de lave très-chaude qui entourait le feu, nous essayâmes de reposer. Serrés les uns contre les autres pour nous garantir, autant que possible, d'une petite pluie fine qui ne cessait de tomber, nous aurions peut-être fini par céder à la fatigue, quand un coup sourd, qui ébranla la montagne, vint nous inquiéter. Nous attendîmes encore un peu ; mais à un second coup, plus violent que le premier, nous nous levâmes tous, persuadés que la montagne allait s'écrouler sous nous ; nous descendîmes, et, faute de mieux, nous nous mîmes à causer.

Avant de nous mettre en route, au point du jour, je renvoyai les Wallisiens près du commandant, auquel ils devaient porter du feu, et j'avoue que j'eus la barbarie de leur prendre une des deux couvertures, qu'ils avaient sauvées, pour en couvrir Pempeny qui n'avait que sa chemise.

Après une heure de marche environ, nous vîmes devant nous une large vallée qui, s'étendant entre deux chaînes de montagnes perpendiculaires à la côte, semblait nous inviter à pénétrer dans l'intérieur du pays. En suivant la plage, nous avions peu de chances de trouver du secours : nous prîmes le chemin qui s'offrait à nous.

D'abord arrêtés dans notre marche par de hautes fougères et des roseaux touffus, nous arrivâmes bientôt au bord d'un petit lac d'où partait un sentier présentant de nombreuses traces du passage récent d'un troupeau. Cette vue nous arracha un cri de joie, et dans l'espoir d'arriver bientôt à quelque ferme, nous prîmes en confiance ce sentier. Nous le suivîmes longtemps au fond de la vallée, puis il tourna à gauche, et s'éleva sur la montagne. Nos estomacs commençaient à crier merci; cependant le sentier se dessinait toujours au loin devant nous. Nous nous assîmes un instant, et j'envoyai un des Pomotous sur la cime de la montagne pour découvrir le pays. A peine fut-il en haut, qu'il aperçut un troupeau de bœufs ; à cette bonne nouvelle, il ne fut plus question de fatigue, et nous repartîmes en hâte; nous vîmes comme lui un grand troupeau, et nous entreprîmes de le poursuivre. Nous franchîmes ainsi des vallons et des montagnes. Mais le troupeau fuyait toujours, et bientôt il fallut renoncer à l'atteindre. Nous étions trop loin pour songer à retourner sur nos pas; après avoir mangé quelques plantes sauvages, nous nous endormîmes pour refaire nos forces.

A notre réveil, trompés par des vapeurs qui s'élevaient au-dessus des massifs d'arbres, nous nous mîmes en route; mais le soir nous n'avions rien trouvé, et pourtant il nous avait fallu traverser des marais profonds, et battre un pays très-difficile.

Gibrat et Pempeny avait les pieds en sang ; après nous être fait un abri dans des fougères, nous nous occupâmes, Boulin et moi, de leur faire des chaussons avec nos effets, et nous attendîmes le jour avec impatience.

Le lendemain, nous essayâmes de traverser un bois pour arriver à la rivière ; mais force nous fût de renoncer à ce projet, et, vers trois heures, mes deux compagnons me signifièrent qu'ils ne pouvaient pas aller plus loin. Je les confiai à Boulin, qui m'aida à leur faire un lit dans les fougères, et je partis pour explorer les lieux.

Je fis environ 3 milles, et arrivé sur le haut d'une montagne

élevée, je dominai assez l'horizon pour pouvoir m'orienter.
Malheureusement dans aucune direction je n'aperçus la moindre trace d'habitation. Après m'être assuré du chemin à faire,
pour gagner la côte, je revins près de mes hommes.

Je les raisonnai de mon mieux; et après leur avoir démontré
que nous devions arriver sur la plage au bout de quelques
heures de marche seulement, j'obtins d'eux la promesse qu'ils
me suivraient.

Il tomba peu de pluie cette nuit-là, et le matin nous nous
éveillâmes assez bien reposés. La jambe de Pempeny avait
pourtant empiré, il faisait entendre des propos découragés.
Quant à Gibrat, il se plaignait moins ; mais ses traits en disaient
assez.

J'estimais qu'il me fallait faire de l'O. N. O.; j'essayai à
l'aide du soleil de prendre cette direction. Je marchais le premier, et Boulin fermait la marche. A 1 mille environ, nous
rencontrâmes un sentier qui, partant de l'intérieur, suivait la
direction que nous avions choisie. Rien ne peut peindre le soulagement que j'éprouvai à la vue de ce secours du Ciel. Il y
avait, de chaque côté de ce bienheureux sentier, des débris de
coquilles, il ne me fut pas difficile de démontrer à mes compagnons qu'il devait servir à des pêcheurs, et que, par suite, il
nous menait à la côte ; cet espoir ranima leurs forces, et nous
avançâmes.

Vers trois heures, nous arrivâmes dans une case isolée, au
bord de la mer. Il était temps ! Boulin et moi, plus fatigués des
efforts qu'il nous avait fallu faire pour empêcher nos compagnons de rester en route, que de notre propre misère, nous
étions rendus comme eux.

Des choux sauvages, quelques patates oubliées dans un coin
et un morceau de lard que nous trouvâmes sur la plage nous
procurèrent un excellent repas ; et, après une nuit passée à
l'aise, nous nous disposâmes à quitter ce paradis.

Le quatrième jour, nous descendîmes sur la plage et nous
remontâmes vers le Nord ; des morceaux de lard que nous
trouvâmes bientôt nous firent croire que nous n'étions pas
éloignés de la corvette. Cependant, au loin, sur la côte, nous
n'apercevions rien, et j'avoue que, sans Boulin, je me serais
arrêté sous le prétexte de faire faire un bon repas à Pempeny
et à Gibrat, qui n'auraient pas pu arriver ce jour-là si nous
n'avions pas continué de marcher. A midi environ je tombais,
exténué, dans les bras de mon ami Texcreau, qui, tout joyeux

de me revoir, me pressa sur son cœur. Je ramenais tout mon monde; mais malheureusement, avec eux, aucun secours.

J'oubliai vite mes fatigues en voyant l'intérêt que tout le monde me manifestait, et, après avoir dévoré une délicieuse soupe aux coquilles de notre brave maître canonnier, je me levai pour aller au-devant du commandant, qu'on était allé chercher sur la plage, où il se promenait.

J'avais eu le temps de causer avec Boch des chances de succès qu'offrait le sentier que j'avais pris en revenant ; je fis part de mon idée à M. d'Harcourt, et je lui offris de repartir tout de suite avec mon camarade et des hommes nouveaux pour faire une nouvelle tentative.

Le commandant approuva mon plan et prit la peine de m'aider dans mes préparatifs.

Je retrouvai M$^{me}$ d'Ehrensvard attendant avec calme la fin de son triste sort, et, après lui avoir communiqué mon espoir d'arriver bientôt à Auckland, je pris congé d'elle et je me mis à examiner le camp.

Sur la plage, que j'avais laissée nue, s'élevaient de tous côtés des cases, affectant souvent des formes étranges, suivant le caractère des propriétaires. Adossées à la montagne, la plus grande partie étaient à une certaine hauteur du sol et pouvaient ainsi braver la mer, qui venait se rouler sans puissance à leur pied.

Çà et là, des feux en grand nombre indiquaient la place des cuisines. Parmi les hommes, les uns pêchaient des coquilles, les autres se faisaient des ustensiles, d'autres portaient du bois ; tout le monde avait l'air occupé, et cependant tous obéissaient à la voix de leurs chefs. Les corvées se distribuaient le service, la cambuse fonctionnait comme à bord; pour moi, jamais je n'aurais imaginé tant d'ordre au milieu d'un si grand désordre ; encore un peu, je me serais cru parmi un détachement en expédition si quelques débris méconnaissables de la pauvre *Alcmène* n'eussent été là pour me rappeler notre malheur.

Tout étant prêt, j'allai dire adieu à mes premiers compagnons d'aventure, qui ne pouvaient croire à mon nouveau départ, et je quittai le camp, comptant sur Dieu pour réussir cette fois. A vrai dire, j'étais tellement pénétré moi-même de l'espoir d'arriver promptement au but de mes désirs en suivant le sentier que nous allions prendre, que j'avais fini par faire passer ma conviction dans l'esprit de mes compagnons, et, ainsi soutenus, nous marchions avec assurance.

Chemin faisant, je fus assez heureux pour faire rentrer dans le devoir six Bretons qui s'en allaient du camp et qui y retournèrent sur ma prière.

Nous atteignîmes, vers cinq heures, la case que j'avais choisie pour passer la nuit ; comme la première fois, elle était abandonnée ; nous fîmes du feu et la soirée se passa à deviser sur notre expédition.

Instruit par l'expérience, j'avais eu soin de choisir des hommes assez bien couverts et chaussés, et nous avions quatre jours de vivres à la ration du camp. Aussi le lendemain, au jour, après un déjeuner que la plage nous fournit, comme notre dîner de la veille, nous partîmes tous parfaitement disposés, et quand nous eûmes retrouvé le sentier que je cherchais, ce fut à qui renchérirait sur les chances qu'il nous offrait.

Nous descendîmes bientôt dans un marais et nous nous engageâmes au milieu de roseaux de six pieds de haut, qui nous cachaient l'horizon. A peu près nus, nous marchions avec peine dans ce terrain, coupé de trous profonds, quand Bousquet, qui était en tête, s'arrêta brusquement et me dit, aussi bas qu'il le put : « Commissaire, une case ! »

A cette bonne nouvelle chacun de nous s'habilla à la hâte pour ne pas offrir un spectacle scandaleux aux naturels, et, tous réunis, nous avançâmes vers cet espoir nouveau.

Malheureusement, il n'y avait personne ; nous trouvâmes la peau d'un rat fraîchement dépouillé et les os d'un poisson qui avait dû être mangé peu d'heures auparavant. Nous appelâmes en vain : personne ne répondit.

Jusqu'au soir nous essayâmes de tous les sentiers qui partaient de la case pour aller dans l'intérieur ; mais arrêtés, tantôt par des bois impraticables pour des Européens, tantôt par des marais où nous disparaissions, enfin par une rivière, force nous fut de renoncer à voir ce jour-là personne ; nous revînmes à notre case, où il fut décidé que nous passerions la nuit. Boch se chargea de faire tout disposer dans ce but, et je partis avec Griffe pour examiner les environs.

Nous découvrîmes bientôt la rivière et nous pûmes suivre son cours vers la mer. Il était évident qu'il fallait traverser cet obstacle pour aller à Auckland, et nous pensions bien que, comme nous, Pouthier, qui avait pris par la côte, devait être arrêté. Amenés, par suite, à chercher le moyen de passer de l'autre côté, je laissai tomber le mot de radeau, et, avant d'avoir considéré si l'exécution était possible, nous avions déjà fait choix du lieu où nous tenterions notre essai.

Rien ne saurait surprendre des gens déterminés ; aussi, à notre retour, notre projet fut-il adopté à l'unanimité, et chacun s'endormit avec la ferme intention de travailler avec ardeur le lendemain.

Au jour, nous nous mîmes en route, et, avant huit heures, nous avions choisi notre emplacement et commencé nos travaux. La tâche était rude : il y avait bien 3 milles de distance, du lieu où nous trouvâmes les arbres, à la rivière, où devait être notre chantier ; mais rien ne pouvait nous arrêter : nous nous mîmes à l'œuvre. Nous répartîmes également la besogne entre nous ; Olier, Richard, Griffe et Bousquet passèrent un petit bras de rivière pour couper les arbres et les lianes avec leurs couteaux et la seule hache que nous eussions. Laffitte (Calédonien), Quéré, mon domestique, Boch et moi nous nous chargeâmes du transport. Je ne sais vraiment où nous puisâmes des forces, mais le soir nous avions au bord de la rivière ving arbres de 4 à 5 pouces de diamètre sur 8 à 10 pieds de long.

Après bien des inquiétudes, Griffe et Richard, qui s'étaient chargés de la construction de notre arche, eurent le bonheur de voir leurs efforts couronnés de succès. Le radeau, à la marée haute, se tint sur l'eau ; mais, pour lui donner plus de solidité, il fut décidé qu'on mettrait une centaine de fagots de broussailles par-dessus. Nos Bretons, Quéré en tête, se mirent tout de suite à la besogne, et à la nuit tout était prêt.

Fatigués comme nous l'étions, il n'eût pas été prudent de tenter le passage ; aussi, rassurés du reste sur les suites de notre excursion, nous convînmes de ne partir que le lendemain au jour, et nous nous fîmes une hutte dans les roseaux, où, après un excellent dîner de choux frais, nous dormîmes à merveille.

Le 10, au point du jour, Griffe venait de se lever pour voir ce qu'était devenu notre radeau pendant la nuit, et il s'acheminait vers l'endroit où il l'avait laissé, quand il aperçut une voile dans le lointain.

Ce n'était pas une illusion, une heure plus tard deux pirogues s'approchaient de nous. Contraint jusqu'alors par la nécessité de pousser à bout notre aventure, j'avais soutenu mes compagnons par mes discours, et j'avais essayé de leur inspirer une confiance que je n'avais pas ; mais à cette vue la vérité se fit jour et mes larmes coulèrent. « C'est la joie », dit Griffe à Ollier, qui lui demandait le sujet de mes pleurs. Peut-être était-ce vrai, mais, avant tout, la raison de mon émotion était dans le sentiment des dangers auxquels nous venions d'échapper.

Après avoir donné en présent au chef des pirogues une fiole d'eau-de-vie à laquelle nous nous étions promis de ne toucher qu'à la dernière extrémité, nous nous embarquâmes par moitié dans chacune des pirogues, et nous partîmes.

Quoique nous ne comprissions pas la langue de ces gens, le nom d'Auckland, qu'ils prononcèrent après nous, et dont ils nous montrèrent la direction, nous persuada qu'ils s'y rendaient, et cette nouvelle nous combla de joie.

Depuis ce moment nous ne nous appartînmes plus ; promenés sur les bords de la rivière d'une station à une autre par nos guides, que le mauvais temps effrayait , nous n'eûmes plus à souffrir que du chagrin de ne pas être utiles. Une fois, je les quittai pour aller informer le commandant de notre position : je le rencontrai à la tête de l'équipage, se rendant à Okoro, où, plus heureux que moi, M. Pouthier était parvenu. J'étais de retour au jour.

Le lendemain, à une nouvelle halte, nous partîmes, Boch et moi, avec l'intention de ramener notre petite troupe et de partager les travaux de nos camarades, puisque nous ne pouvions vaincre la crainte des indigènes, malgré toutes nos promesses.

Le hasard nous fit traverser un village où nous trouvâmes nos Pomotous, que nous emmenâmes ; nous emportâmes de là quelques provisions. Le commandant était seul cette fois avec le major, veillant les malades, qu'il n'avait pas voulu quitter.

Notre présence ne pouvait que l'embarrasser : il nous donna l'ordre de retourner dans nos pirogues et d'attendre que le temps nous permît de continuer.

En traversant de nouveau le village indigène, nous décidâmes les naturels à porter des provisions à nos malades. Tranquilles cette fois, nous arrivâmes, au milieu de la nuit, parmi nos Zélandais, qui, satisfaits de nous voir avec notre guide, mirent à la voile au point du jour.

Nous traversâmes la rivière, persuadés que nous allions à Auckland ; mais, à notre grand étonnement, on nous montra Okoro en face de nous, en nous disant qu'il nous fallait y passer.

Au dire des naturels, aucune pirogue n'était partie d'Okoro pour Auckland depuis une lune ; nous craignîmes que Pouthier n'eût été retenu comme nous par les vents, et nous offrîmes deux guinées pour nous passer cette nuit même près de nos camarades. Le chef accepta. et, après avoir chargé une pirogue de provisions que nous lui achetâmes, il convint de nous transporter à Auckland le lendemain, moyennant 10 liv. st.

Nous sûmes plus tard que le prix ordinaire était de 1 liv. par pirogue : on voit qu'il nous traitait en amis !

Pressés par le désir de serrer la main à nos amis, chacun de nous prit une pagaye, et à une heure du matin nous arrivâmes au village.

Le premier matelot que je rencontrai me dit que Pouthier devait partir au jour, et il m'indiqua la case où cet officier, disait-il, était logé. Je poussai la porte, mais ce fut Texereau qui me serra la main, et il m'apprit que notre camarade était parti il y avait une demi-heure.

Nous ne pouvions arriver plus à propos : notre second avait tout disposé pour aller, avec l'équipage, chercher les malades, et il avait besoin d'un officier pour diriger les services qui devaient, selon toute probabilité, arriver bientôt à Okoro. M. et M<sup>me</sup> d'Ehrensvard allaient partir pour l'habitation d'un Anglais, M. Atkins, qui voulait bien nous céder différentes provisions : Boch reçut l'ordre de rester dans le village. Nos hommes furent désignés pour faire le service d'une pirogue qui devait aller au-devant des malades, et pour moi, après avoir vu partir l'équipage, auquel son jeune chef avait su communiquer son élan, je m'embarquai pour Auckland avec le brave Quéré, qui m'avait été si dévoué pendant toute ma dernière course, et Pitard, notre cuisinier.

J'étais parti en pirogue ; je fis rencontre du capitaine Johnson, du brick le *Kivi*, qui voulut bien me donner passage dans son canot, et, laissant là mes naturels, j'arrivai le 16 à ma destination peu d'heures après Pouthier.

Reçu à bras ouverts par nos camarades, les officiers de la *Fly*, je me remis vite de mes fatigues, et je préparai tout ce qui devait être nécessaire à nos hommes. Je dois dire que, grâce au concours de tous les employés du gouvernement, et à la bienveillante sollicitude du gouverneur Wynyard, ma tâche a été bien facile.

Pendant que je courais dans l'intérieur pour essayer de trouver des secours dont mes camarades d'infortune avaient tant besoin, voici ce qui leur arrivait :

Le 3, aussitôt après mon départ, le commandant s'était mis en quête, lui-même, d'un endroit où l'équipage pût camper sans être exposé, comme sur la plage du naufrage, à être englouti sous les lames.

Un ravin s'était offert à lui à quelques pas de là, et il avait donné l'ordre au lieutenant d'y conduire le monde et d'essayer d'y trouver un abri contre les grandes herbes qui y croissaient. Pour lui il était resté, avec M. et M^me d'Ehrensvard, en face du bâtiment.

Cette nuit fut atroce pour tous ; une pluie constante empêcha ces malheureux de réchauffer leurs membres glacés, et, nus pour la plupart, ils eurent à endurer les horreurs de la faim, jointes à celles du froid.

Quelques hommes étaient restés sur la plage, ne pouvant se traîner plus loin : Bagarry était de ce nombre ; la mer, en montant, vint les chasser, et, au milieu de la nuit, ces infortunés durent gravir la montagne, s'entr'aidant les uns les autres et ignorant où ils pouvaient s'arrêter.

Rousselot, un de nos blessés que j'avais aidé à porter à terre, mourut, et son corps roula jusqu'auprès du lieutenant et de Pouthier. Ces messieurs passèrent la nuit en compagnie de ce cadavre, sur lequel leurs têtes se reposèrent quelques instants.

Les premières lueurs du jour mirent fin à cette nuit horrible. Tous se levèrent en hâte pour quitter le camp de la terreur, et ils coururent sur la plage, autour du commandant et près de la corvette.

Les Wallisiens arrivèrent avec leur bois embrasé, et cette vue ranima les courages; les plus valides cherchèrent des matériaux, et en un instant tout le monde se trouva groupé autour d'un feu bienfaisant.

La mer étant basse, tous les officiers présents se rendirent à bord avec le commandant ; leur exemple entraîna quelques hommes, parmi lesquels je me plais à signaler Quéré, qui avait déjà aidé à sauver M^me d'Ehrensvard la veille. On rapporta des couvertures et du vin de la chambre du commandant.

Le plus grand ordre régna dans la distribution de ces ressources, et bientôt, encouragés par les débris que la mer rejetait, on installa un magasin pour recevoir les objets sauvés.

Prévenus par la nuit précédente, on s'occupa d'un campement, et pour ne rien perdre de ce qui pouvait venir du bâtiment, le commandant donna l'ordre de s'établir en face.

Entre les deux marées, chacun fit si bien que le soir on put offrir à M^me d'Ehresvard et au commandant deux cases presque confortables, et que les hommes furent tous plus ou moins bien abrités, suivant leur degré d'intelligence ou de courage. Ils vécurent ce jour-là des animaux rejetés du bord et de quelques quarts de lard défoncés, dont les morceaux étaient venus à terre.

Le 5, on était retourné à bord. Pendant que les autres officiers essayaient de sauver les livres et les cartes, MM. Pouthier et Amet, aidés du domestique du commandant et du matelot Pommeray, étaient parvenus, en se glissant à travers les débris, à sauver quelques caisses de vin du commandant. Un instant le navire craqua, ses membres se disloquèrent et le passage étroit par lequel ces hommes courageux étaient descendus avec peine se rétrécit d'un pouce. Qu'on juge de leur position ! Pouthier, qui s'était tenu à l'entrée, ordonna la retraite, et à peine eut-il pu décider ses compagnons à le suivre, que le pont s'affaissa... Quelques minutes encore, et ils étaient condamnés à mourir dans cette prison sous-marine, victimes de leur dévouement.

Quoique les vivres fussent rares, il y en avait néanmoins assez pour assurer l'existence de l'équipage pendant deux ou trois jours. Pouthier reçut l'ordre de partir avec quelques hommes, et, muni de vivres pour huit jours, il se mit en route pour aller, comme moi, à la recherche des secours. Son itinéraire était de suivre constamment la plage pendant que je battrais l'intérieur. Vers le soir le mât de misaine tomba, l'avant se retourna la quille en l'air, et il ne resta plus de l'*Alcmène* qu'une masse noire informe.

Il ne paraissait plus possible de faire le sauvetage du restant des vivres ; les marées qui s'étaient succédé n'avaient rapporté que peu de choses ; le commandant décida qu'on quitterait la plage le lendemain. Sur cet ordre, des vivres furent distribués à chaque plat, et les hommes firent leurs préparatifs de départ.

Le 6, au jour, M. d'Harcourt annonça à l'équipage qu'il avait réfléchi et qu'il trouvait plus prudent d'attendre en place les secours que nous ne pouvions manquer, Pouthier ou moi, de leur adresser ; et, convaincus de la sagesse de leur chef, ils reprirent les huttes qu'ils avaient abandonnées.

Jusque-là, on n'avait demandé qu'à la corvette les vivres nécessaires ; une fois décidés à rester chacun se mit en quête des ressources du pays. Il y en eût d'assez heureux pour découvrir dans le sable de fort bonnes coquilles qui, dès cet instant devinrent la base de la nourriture.

A l'aide du génie inventif des marins, le camp se trouva peu à peu muni d'ustensiles de cuisine. Ce fut, d'abord, une bouée en tôle coupée en deux qui se transforma en chaudières pour faire le café et la soupe. Puis, avec des boites de conserves on fit des poêles pour faire les galettes de farine. Quelques privilégiés avaient des feuilles de tôles pour casseroles. En un mot on pouvait vivre.

Des promeneurs rapportèrent du lard en quantité, qu'ils avaient trouvé à une grande distance ; on régla un service de corvée pour battre la plage et recueillir tout ce que la mer y jetait.

Une cambuse sous la surveillance directe du lieutenant, aidé du maître canonnier et de quelques hommes sûrs, servit d'entrepôt à tout ce qu'on rapporta, et dès ce jour on distribua les vivres régulièrement.

Les choses en étaient là quand je revins le 7 ; aussi les hommes que je ramenai purent-ils être parfaitement traités.

Le 8 au soir, il y avait à la cambuse :

| | | | |
|---|---|---|---|
| Café en 7 barils...... | 112 k. | Lard 3 quarts.... | 300 k. |
| Conserves en 6 boîtes. | 12 | Farine 4 quarts... | 400 |
| Sucre en 2......... | 32 | Vinaigre 1 quart.. | 50 |
| Fromage 35 têtes..... | 70 | Huile 2 quarts.... | 32 |
| Beurre 1 baril........ | 20 | Oignons 2 quarts. | 20 |

Les boulangers du bord furent dès lors employés à fabriquer une espèce de biscuit avec de la farine et de l'huile.

Le 9, à midi, l'équipage reçut, comme le 5, une distribution de quatre jours de vivres, et, à l'aide de plusieurs poissons trouvés morts sur la plage, tout le monde fit, ce jour-là, un excellent repas. M. Amet arriva vers le soir avec Pommeray ; chacun voulut savoir ce qu'ils venaient annoncer.

Notre jeune élève laissa son compagnon répondre à ses camarades, et se rendit tout de suite près du commandant.

M. Pouthier, lui dit-il, était arrivé à un village du nom d'Okoro dont les naturels l'avaient reçu avec affabilité, et l'équipage était sûr d'y trouver un bon accueil et des vivres pour quelques jours. Questionné sur la distance, il répondit qu'il y avait environ 20 lieues en suivant la plage et 12 ou 14 en prenant par l'intérieur. Ce qui s'explique par le coude vers le Nord que fait la rivière la Kaïpara à son embouchure. Les malades étaient trop nombreux pour qu'on pensât à prendre par les terres ; le commandant se décida tout de suite pour la plage, et annonça qu'on partirait le lendemain.

Sous la direction de M. Texereau, les hommes, soutenus par la perspective de se trouver bientôt à leur aise, préparèrent dans la soirée tout ce qui devait leur être nécesssaire.

Avec des toiles de hamac et des avirons on fit des cadres

pour les malades; chaque homme reçut des vivres pour quelques jours, et du café fut distribué en abondance à chaque plat, avant le départ; toutes les cuisines firent des galettes et au jour on se trouva prêts.

Au signal du commandant la colonne se mit en marche. Le lieutenant avait dressé des rôles, chacun savait son poste; il n'y eût pas la moindre confusion.

A la tête, sous les ordres du major Proust, s'avançaient les cadres de dix malades et celui de M^me Ehrensvard, portés chacun par quatre hommes, le commandant venait à trente pas en arrière, suivi lui-même à une petite distance par le gros de l'équipage devant fournir les relevés. Enfin, venaient le lieutenant et les aspirants qui surveillaient de la sorte les traînards.

Grâce à ces bonnes dispositions, les marins de l'*Alcmène* purent ce jour-là faire environ 7 lieues. C'est dans cet ordre que marchaient nos camarades, quand je vins annoncer au commandant ma rencontre avec des naturels. Pendant que je causais avec lui il survint une pluie atroce qui dura toute la nuit. Le guide d'Okoro avait annoncé un gîte à quelque distance; mais force fut de s'arrêter à cause de l'obscurité. L'impossibilité de faire du feu par un temps semblable contraignit les naufragés à passer cette nuit affreuse au milieu des roseaux qui ne pouvaient les abriter.

Le 11, la colonne reprit sa marche. La mer était haute, les hommes épuisés eurent à traverser plusieurs fois des lames qui venaient mourir au pied des falaises et dont l'écume balayée par le vent leur fouettait le visage.

Vers neuf heures ils n'y purent plus tenir, et on dut craindre un instant que le découragement rendît sourds les plus disciplinés. M. d'Harcourt tint bon; le lieutenant et M. Amet prirent un brancard avec le caporal d'armes et un matelot. Cet exemple réveilla les courages qui faiblissaient et l'on put atteindre un bon campement.

La plage en cet endroit, beaucoup plus large que partout ailleurs, offrait la ressource de buissons épais, dont bientôt on put faire des abris très-convenables. Les indigènes qui, chemin faisant, s'étaient joints à nos matelots firent du feu, et on put enfin prendre quelques aliments.

Les Maouris (Nouveaux-Zélandais) sortirent de terre des patates que, suivant leurs coutumes, ils tiennent cachées sur différents points de la côte; et, après un repas passable, chacun s'endormit en paix.

Le **12**, au jour, le commandant annonça au lieutenant que son intention était de rester en cet endroit avec les malades, le chirurgien-major, le maître canonnier et quatre matelots, et lui donna l'ordre de conduire le reste de l'équipage à Okoro. Aussitôt après le déjeuner, Texereau se mit en route. Le chemin qu'il avait à suivre était fort mauvais. Son guide le mena par l'intérieur. Il eut à franchir des montagnes et à traverser des marais. La plupart des hommes étaient sans souliers, et pouvaient se blesser facilement, ce qui eût été très-grave à cause de la faiblesse générale ; pour éviter autant qu'il était en lui ce fâcheux résultat, mon ami eut l'ingénieuse idée de ranger sa troupe avec ordre, en plaçant à la tête tous ceux qui avaient des souliers. Ceux-ci foulèrent le chemin et leurs camarades purent les suivre sans peine. Grâce à cette heureuse idée ils arrivèrent tous le soir à Okoro, et M<sup>me</sup> d'Ehrensvard, dont le courage ne s'était pas démenti un seul instant, put enfin se reposer.

Pendant que Texereau conduisait ses hommes au port, Boch et moi nous visitions le commandant, et nous lui apportions des provisions; il n'était pas resté inactif de son côté, et à l'aide des hommes valides qu'il avait gardés, l'ambulance était devenue aussi confortable que possible, et le docteur avait au moins ses malades à l'abri.

Le **14**, après un jour de repos, au moment où nous arrivions, le lieutenant prenait ses dispositions pour retourner au camp des malades. Il avait cherché inutilement des moyens de transport, comme le désirait le commandant, et s'était décidé à aller avec ses hommes chercher nos malheureux compagnons.

Il ne fallut pas moins de quatre grands jours pour que tout le monde fût réuni à Okoro. Ce fut un jour de fête, et pour ceux qui arrivèrent et pour ceux qui étaient restés.

Pendant l'absence du lieutenant, Boch qui était demeuré avec les invalides et les enfants avait rencontré assez de mauvais vouloir de la part des indigènes, et il lui avait fallu toute son énergie pour assurer la subsistance des hommes qu'on lui avait confiés. Cependant, à l'arrivée du commandant, la bonne harmonie régna de nouveau.

Par l'intermédiaire de M. Atkins, colon anglais, il fut convenu que les naturels donneraient aux naufragés tout ce qui leur serait nécessaire sur de simples bons payables, à Auckland, entre les mains des magistrats.

Jusqu'à la fin, Mathew, le chef d'Okoro, et les chefs des villages voisins, ne se départirent pas de cette règle qu'ils avaient adoptée.

Malgré cette bonne réception, il tardait à chacun de voir enfin finir cette position précaire, et ce ne fut pas sans un sentiment de joie très-vif que l'on vit arriver le docteur Thomson, du 58ᵉ régiment de la reine, et le père Petit, missionnaire français, qui, en compagnie de Pouthier, arrivaient comme avant-coureurs des secours sans nombre de la ville d'Auckland.

Ces messieurs remirent au commandant les lettres du gouverneur d'Auckland et du capitaine de la *Fly*, qui lui annonçaient que tout ce qu'il était humainement posssible de faire avait été ordonné, et lui exprimaient leurs sentiments sympathiques.

Le bon père Petit sema les consolations sur son passage, et les docteurs Thomson et Proust s'occupèrent de Bagarry et des autres malades. Le lendemain ces messieurs délivrèrent notre pauvre patron de la jambe qu'il traînait après lui depuis le naufrage. Dans cet état, il était impossible de transporter cet infortuné ; il fut résolu qu'il resterait. Le commandant ne voulut pas l'abandonner, et demeura près de lui avec Proust pour lui enlever toute crainte d'être laissé en arrière.

Si, pendant le cours du récit que je viens de faire, j'ai eu souvent à souffrir en retraçant les misères de mes compagnons d'infortune, ce qu'il me reste à dire sera pour moi un dédommagement, car les faits qui suivent se rattachent à la réception que l'on nous a faite à Auckland, et c'est un souvenir qui est cher à mon cœur.

A peine informé par Pouthier, du malheur qui venait de frapper notre bâtiment, le lieutenant-gouverneur, colonel Wynyard avait donné des ordres à tous les agents du gouvernement. Le soir même, les embarcations de la *Fly* étaient parties avec une colonne expéditionnaire sous le commandement du lieutenant Balnéavis du 58ᵉ. Il devait établir son camp au fond de la Waitemate. De là, il lui était facile de recevoir des secours d'Auckland qui est sur cette rivière, et de diriger, vers cette ville, nos hommes au fur et à mesure de leur arrivée.

M. Cooper, lieutenant-adjoint du même régiment, posa ses tentes à 12 milles plus loin, dans un endroit qui d'ordinaire sert aux naturels de lieu de repos dans leurs voyages d'un bord à l'autre, à 3 milles 1/2 de l'endroit où devaient débarquer nos hommes. Ce camp approvisionné, comme le précédent, de secours de toutes espèces, avait l'avantage d'être assez rapproché de celui de M. Balnéavis pour qu'il fût facile de diriger sur ce point, après une bonne nuit de repos, les hommes qui y parvenaient.

Enfin, un troisième camp, sous la direction d'un sergent, était établi à un endroit appelé Leanding-Place, à l'entrée de la Kaïpara, la rivière d'Okoro. Rien n'était laissé au hasard, et, de ce point à Auckland, le retour était assuré contre tout événement.

M. Balnéavis avait à sa disposition 50 naturels, qui, après avoir servi à porter les vivres, devaient être employés au transport des malades. Ces naturels étaient sous la conduite du sergent Brown, de la police armée. Il y avait, en outre, pour la garde des différents camps, 1 sergent du 58e, 4 soldats de ce régiment, et 1 soldat d'artillerie.

Les passages difficiles avaient été rendus praticables ; des arbres jetés en travers, permettaient de passer les marais ; il n'y avait plus qu'une question de temps à vaincre.

A peu de distance de Leanding-Place, habitait un colon nommé Honey, qui possédait une chaloupe et plusieurs baleinières. On traita avec lui, et toutes ses embarcations furent prises pour le service des naufragés.

Du dernier camp à Okoro la distance était de 55 milles ; grâce aux pirogues du village et aux canots d'Honey, cet espace fut parcouru en peu de temps, et bientôt tout le monde fut de ce côté de la Kaïpara.

Pouthier revint, avec Boch et la 1re division, le 19. Enfin, le 22, le commandant arriva lui-même au premier camp, et il put juger de la délicate attention qui avait présidé à toutes les dispositions ordonnées par le colonel Wynyard, et si bien exécutées par MM. Balnéavis et Cooper.

Ce fut vraiment un spectacle bien touchant que celui de la marche de l'équipage : nos malades, installés cette fois sur de bons brancards faits par les naturels, étaient aussi commodément que possible. Au moment où la colonne se mit en marche, on vit des marins et des soldats anglais faire violence à plusieurs de nos hommes pour les forcer à se laisser porter par eux, et, pendant la route, les officiers eux-mêmes s'en vinrent verser à boire à ceux qui faiblissaient.

J'essayerais en vain de redire tout ce qui captiva l'admiration de mes compagnons, pendant ce petit voyage de 16 milles, les soins dont ils furent l'objet, et l'amitié qu'ils rencontrèrent.

Nos cœurs sont demeurés les seuls historiens possibles de cette page de notre campagne.

Le colonel-gouverneur, lui-même, et le capitaine de la *Fly* étaient restés deux jours à attendre le commandant au camp du lieutenant Balnéavis, et nos marins gardent encore le souvenir des visites que Son Excellence fit à leurs tentes pour s'assurer si rien ne leur manquait.

Le 23 au soir, le commandant et les malades prirent terre à Auckland, 20 jours après le naufrage.

Grâce au concours de M. le brigadier-major Greenwod, de M. le commissaire général Truner, et de tous les employés du gouvernement, une large caserne était disposée et approvisionnée; nos hommes n'eurent qu'à s'y rendre pour n'avoir plus rien à désirer.

La première visite du commandant fut pour l'hôpital; après s'être assuré par lui-même que rien ne manquait à ceux qu'il avait suivis avec tant de sollicitude, il prit congé d'eux et reçut leurs bénédictions pour les soins dont il n'avait cessé de les entourer depuis le jour du sinistre.

Lorsque l'équipage fut installé je conduisis mes amis dans la maison que j'avais louée pour nous.

Le colonel Wynyard ne voulut pas permettre que le comte et la comtesse d'Ehrensvard allassent loger ailleurs qu'à son hôtel, et il pria aussi le commandant d'Harcourt d'accepter l'hospitalité chez lui.

A dater de ce jour nous devînmes les hôtes du régiment et du carré de la corvette la *Fly*, notre vieille amie de Sydney.

Échappés d'un danger éminent, chacun de nous brûlait du désir de rendre grâces à Dieu de la protection qu'il nous avait accordée, et je crois être vrai en disant que tous nous lui apportâmes des cœurs reconnaissants, lorsque nous allâmes entendre une messe dite à notre intention par Mgr Pompallier.

Aucun de nous n'était encore vêtu; la plupart portaient des effets fabriqués pendant la route avec des débris de couvertures ou des vêtements en lambeaux. Groupés silencieusement autour de notre drapeau, nous devions ressembler à ces troupes antiques de croisés qui parcouraient jadis de si grandes distances pour accomplir leur vœu.

La parole de Dieu versa dans nos âmes un baume de consolation; ces prières, ces chants divins vinrent éveiller en nous le souvenir de notre enfance; nous pensâmes à nos familles, qui elles aussi priaient pour nous dans un temple semblable devant le même Dieu, et de douces larmes coulèrent de nos yeux. Le courage avait eu ses heures d'épreuve, la piété eut la sienne, et je suis fier de dire que Mgr Pompallier n'appela pas la bénédiction de Dieu sur des ingrats.

Après un mois et demi de séjour à Auckland, nous quittions la caserne du 58e pour nous rendre à bord de l'*Alexander*, qui devait nous mener en France.

La musique du régiment marchait en tête, puis venait le colonel Wynyard, à côté de notre commandant. Mêlés aux officiers du 58e, le lieutenant, le docteur et moi suivions à quelques pas, et derrière nous s'avançaient en silence nos deux compagnies de marins, sous la conduite de leurs officiers.

Au moment où nous allions franchir la porte des baraques, une salve de houras s'éleva dans l'air, et, comme l'écho de ces adieux de nos amis, une autre salve, sortie de nos rangs, y répondit; puis nous traversâmes la ville pour aller recevoir la bénédiction de Mgr Pompallier, et, reprenant notre route dans le même ordre, nous nous acheminâmes vers le débarcadère, où nous attendaient les canots de la *Fly*.

Chaque pas nous rapprochait de notre patrie et nous ne pensions tous qu'au chagrin de quitter Auckland. Mieux que des phrases pompeuses, ce fait dira comment les naufragés de l'*Alcmène* ont été reçus dans cette bonne ville.

On avait fait le commandement de : *Halte!* Avant d'embarquer, M. d'Harcourt voulut exprimer à ceux que nous quittions les sentiments qui nous animaient.

Il avait à remercier l'armée, qui nous avait traités en frères ; il avait à témoigner notre reconnaissance à la population civile, qui nous avait ouvert ses bras ; aux indigènes, qui les premiers nous avaient donné l'hospitalité. Il s'écria : *Vive le colonel du 58e !* et ce cri, qui peignait si bien tous ces sentiments réunis, fut redit par nous avec enthousiasme.

Le 1er août, les curieux purent voir dans la baie un navire poussé par un grain très-fort : c'était l'*Alexander*. Comme il passa près de la corvette la *Fly*, les haubans des deux navires se couvrirent d'hommes, et l'on entendit des houras prolongés, joints aux cris de : *Vive la* Fly *!* C'étaient les derniers adieux des naufragés de l'*Alcmène* à leurs bons amis d'Auckland.

# APPENDICE.

### NOTICE

*Sur la Nouvelle-Calédonie, considérée au double point de vue de son état
présent et de son avenir.*

La Nouvelle-Calédonie fut découverte, le 4 septembre 1774, par Cook,
à qui elle doit son nom. Elle s'étend du 20ᵉ degré 10′ de latitude S. au
23ᵉ degré de la même latitude, et du 161ᵉ degré 39′ au 164ᵉ degré de
longitude E.

La longueur de cette île est de 80 à 90 lieues sur 10 à 15 de large,
presque uniformément.

A l'E. et à l'O., de hautes montagnes courent parallèlement à la
côte ; à l'intérieur, on trouve de vastes terrains plats arrosés par des
rivières, parfois abondantes ; mais, en général, le pays est coupé par des
chaînons intermédiaires qui relient les deux chaînes principales et
constituent une infinité de petits bassins présentant une assez grande
variété dans le climat, et quelquefois des différences dans les productions. L'île entière est environnée d'une ceinture de récifs qui s'étendent à plus de 100 lieues dans le Nord. Il y a également dans son voisinage une foule de petites îles, parmi lesquelles l'*île des Pins*, au S., et
Paaba, au N., sont les plus considérables.

La Nouvelle-Calédonie est encore aujourd'hui un pays inconnu. Cook
d'abord, puis d'Entrecasteaux, y ont fait de courtes apparitions, et ces
deux grands navigateurs, après être restés quelque temps à Balade, ont
quitté ces parages, persuadés qu'il fallait remonter à plus de 100 lieues
dans le N. O. pour passer de l'E. à l'O.

On comprend dès lors, comment pendant si longtemps, ce pays, si
parfaitement placé d'ailleurs, est resté ignoré. A peine, avant nous,
connaissait-on Balade sur la côte Est, et le port Saint-Vincent sur la
côte Ouest.

Le détroit Devarenne est donc, au point de vue des découvertes d'une
haute importance, puisque, grâce à lui, le navigateur peut se hasarder
au milieu de cette mer de récifs avec la certitude de pouvoir en sortir
à son gré.

### Mouillages.

Dans toute l'étendue de la côte Est on a bon fond partout, et, à part
quelques mois de l'année, on mouille avec la plus grande sécurité au
milieu du chenal que forme le récif.

Sur la côte Est, on trouve les ports de Kanala, Kouaoua, Hienguiène
et Balade, et, sur la côte Ouest, le port Saint-Vincent et trois autres

non moins considérables. On voit que cette grande île est fort bien disposée pour la navigation.

Climat.

Placée sous les mêmes latitudes que l'île Bourbon, Madagascar, Rio-Janeiro et la Plata, sa végétation a beaucoup d'analogie avec celle de ces différents pays, et la différence est tout à son avantage. Son climat est très-sain, grâce aux brises de S. E. qui, soufflant depuis avril jusqu'en octobre, rafraîchissent constamment l'air. De novembre à mars, les vent varient du N. O. au S. O., et l'on éprouve de fréquents coups de vent accompagnés de pluies abondantes ; mais avec le retour des vents de S. E., le temps passe au beau. En novembre et en décembre, les pluies sont suivies de tonnerre et d'éclairs; mais ces orages durent rarement plus de trente-six heures. Pendant cette saison, les pluies entrainent dans la mer d'assez grandes quantités de terres argileuses qui la colorent et rendent la navigation, en dedans des récifs, fort dangereuse. Il y a des années où l'on voit, en février et en mars, des tempêtes qui paraissent suivre la même loi que celles de Maurice, placée sur le même parallèle; mais elles sont loin de présenter les mêmes dangers.

Histoire naturelle.—Minéralogie.

Si on veut jeter un regard sur son histoire naturelle, on est tout étonné de la variété des minéraux dont elle abonde. On trouve tour à tour des terrains chargés de carbones, des calcaires, des quartz, des jaspes, des micas, des granits, de la stéatite, de l'amphibole, une infinité d'argiles propres à la fabrication des briques, des grès, des minerais de fer, de cuivre, de plomb ; de l'or ; et enfin, à en juger par les débris de végétaux pétrifiés qu'on rencontre à la surface des terrains schisteux, et aussi par les mines du littoral de l'Australie, elle doit renfermer de la houille. M. le capitaine de vaisseau Leconte a signalé ce fait avant moi, et un officier de l'*Héroïne* m'a assuré en avoir trouvé des échantillons dans les environs de Balade.

Le naturaliste Forster, qui accompagnait Cook, a laissé les lignes suivantes sur les richesses probables de cette île fortunée : « En descendant « à terre, nous trouvâmes sur la grève une grande masse irrégulière « de rocher, de 10 pieds cubes d'une pierre de corne d'un grain ferme, « étincelant partout de grenats un peu plus gros que des têtes d'épin« gle. Cette découverte nous persuada qu'il y a des minéraux précieux « sur cette île qui, dans la partie que nous avions déjà reconnue (Ba« lade), différait de toutes celles que nous avions examinées en ce « qu'elle n'avait point de productions volcaniques. »

Règne végétal.

Le règne végétal n'est pas moins riche; autour des habitations, on trouve le bananier, le cocotier, l'arbre à pain, le figuier, le gingembrier,

et la canne à sucre, qui y vient à merveille ; les naturels cultivent encore plusieurs espèces de taros, la patate douce, l'igname, le maïs et une
espèce particulière de bourao (*hibiscus tiliaceus*) dont ils mangent l'é-
corce. Sur les montagnes, pousse le niaouli (*Melaleuca Leucodendron* de
Linné) dont les habitants des Moluques tirent l'huile de cayoupouti.
Dans les vallées, l'arbre de fer atteint de très-fortes dimensions, et de
gigantesques fougères aux feuilles en parasol ornent les bords des ruisseaux. Sans compter le *pin* colonnaire, le kaouri (pin de la Nouvelle-
Zélande) et le sandal, on voit dans de nombreuses forêts plus de dix
essences différentes de bois dur, souvent d'un très-fort échantillon.

Le caféier vient à l'ombre de ces bois épais et, sans doute de plus habiles que moi auraient reconnu dans ces arbustes qui croissent pêle-
mêle dans les endroits bien exposés, plusieurs épices que je ne puis
nommer, et qui restent abandonnées à des milliers d'insectes.

Les rivières sont abondantes, et quelques-unes peuvent être remontées
jusqu'à plusieurs milles.

On trouve dans beaucoup d'endroits jusqu'à 1 mètre de terre végétale, et, chaque année, les pluies viennent accroître cette source de
fertilité en entraînant après elles dans les plaines toute la terre des
parties montagneuses. Aussi il n'est pas rare de traverser des champs
où les pâturages atteignent jusqu'à 5 pieds de hauteur.

Nos missionnaires ont obtenu de très-beaux légumes à Balade et à
Hienguiène, et des Anglais ont acclimaté dans l'O., le blé, le maïs et
le coton.

### Règne animal.

Ce qui manque à ces îles, ce sont des oiseaux qui chantent à l'ombre
de leurs grands arbres, et des troupeaux pour peupler leurs solitudes et
civiliser leurs habitants.

Tous les animaux d'Europe qu'on y a importés ont parfaitement
réussi ; les cochons surtout semblent devoir y donner de grands avantages à cause des mangliers qui encombrent toutes les rivières, et qui
abondent en coquillages. Malheureusement, ceux qui ont tenté quelques
essais n'ont pas eu la généreuse pensée de laisser de traces de leur
passage, et on ne trouve dans toute la grande île que quelques chats
sauvages et quelques chiens épuisés.

Quant aux oiseaux, il y en a de plusieurs espèces. Nous avons tué
pendant notre séjour deux espèces de pigeons, de grosses et de petites
tourterelles, des corbeaux, des perruches à tête bleue, des moineaux
rouges au dos vert, quelques hérons, des martins-pêcheurs, des canards
en grande quantité, des sarcelles, des chevaliers, des roussettes, dont
les indigènes sont très-friands.

A en juger par les débris dont les plages sont couvertes, les côtes
abondent en coquillages et les rivières fournissent en ce genre une pré-
cieuse ressource aux naturels. On trouve aussi de nombreux poissons,
mais parmi ceux-ci il en est de venimeux.

Je regretterais d'oublier, parmi les produits des récifs, les tripangs (holothuries), aliment aphrodisiaque très-recherché des Chinois et qui, avec le sandal, pourraient devenir l'objet d'un commerce sérieux avec la Chine.

Après cet énoncé, bien incomplet sans doute, des ressources de la Nouvelle-Calédonie, il me reste à parler de la race qui peuple cette grande île.

## Population.

La Nouvelle-Calédonie est habitée par un grand nombre de tribus qui ne s'entendent pas entre elles, quoique leurs usages soient partout les mêmes.

Ces peuplades, qui appartiennent à la race noire de la Mélanésie, ont un type fort peu avenant.

Les hommes ont, en général, 5 pieds 2 pouces ; leurs membres sont forts, leur nez épaté, leurs lèvres épaisses ; ils portent les cheveux longs et les ont crépus, et leur peau est grasse au toucher. La guerre est leur principale occupation.

Les femmes sont encore plus affreuses que leurs maris ; les plus grandes n'ont pas 4 pieds 1/2. Condamnées aux plus rudes travaux, on peut dire qu'elles naissent vieilles et meurent jeunes.

Le pays que j'ai parcouru, c'est-à-dire l'île des Pins, la côte Est depuis Kanala, la pointe Nord depuis la latitude de Balade et l'archipel de Paaba, comprend 18,500 naturels. Comme la partie Sud est moins peuplée, on peut évaluer la population du groupe, sans compter les Loyalty, à 25,000 individus. Forster prétend qu'elle est de 50,000 âmes, mais d'Entrecasteaux assure que ce chiffre est trop élevé, et je ne crois pas être en dessous de la vérité.

Dans l'ordre social, cette population se divise en trois classes : les chefs, les nobles et les jamboïts ou serfs. Dans quelques tribus, on compte encore des sorciers ; mais, en général, les chefs exercent eux-mêmes ces fonctions importantes.

Il y a deux espèces de chefs : les aliki loa (grands chefs), et les aliki (chefs). Les premiers commandent aux tribus, les seconds paraissent être des chefs de villages ou de familles. Les aliki sont tous de petits tyrans qui règnent sans contrôle et dont la volonté est la seule loi. Ils ont droit de vie et de mort sur leurs sujets, et l'exercent quelquefois pour satisfaire leurs appétits grossiers. A moins d'une guerre d'extermination, la personne de ces despotes est sacrée dans les combats, et, forts de cet avantage, ils se font des réputations de bravoure qui ne leur coûtent guère.

Les nobles possèdent les terres et forment le conseil des chefs. Les femmes jouissent des mêmes privilèges que les hommes et peuvent en se mariant à un jamboït l'élever à la dignité d'homme noble ; mais ces exemples de mésalliance sont rares.

Les jamboïts ou serfs n'ont rien en propre ; ils travaillent pour leurs maîtres et payent les frais de la guerre, qui souvent n'est faite que pour avoir l'occasion d'en dévorer quelques-uns.

C'est sans doute dans cette détestable organisation qu'il faut chercher la cause des hostilités incessantes des tribus entre elles.

Jaloux les uns des autres, les nobles et les jamboïls méprisent tous ceux de leurs classes qui vivent dans les autres tribus. Forcés de donner à leur chef tout ce que celui-ci trouve à sa convenance, le besoin de posséder les rend voleurs. L'habitude de courber la tête devant celui qu'ils exècrent les rend dissimulés. De là, cette conduite inexplicable pour beaucoup de navigateurs, et qu'en général on taxe de versatilité.

La vie de ces malheureux se passe dans des transes mortelles, et ils sont si souvent exposés à la mort qu'elle n'est plus pour eux qu'un incident de leur vie; aussi l'affrontent-ils sans émotion. Et pourtant, à voir les caresses qu'ils prodiguent à leurs enfants, on pourrait croire que Dieu a jeté dans leurs cœurs quelque germe étouffé qui, réveillé plus tard par ses saints ministres, devra rattacher ces barbares à la grande société humaine.

Les Calédoniens vivent réunis dans des villages pour être mieux en état de se défendre.

A en juger par leurs plantations, ils ont du goût pour l'agriculture ; malheureusement la crainte de l'avenir les rend imprévoyants et ils dévorent leur récolte en quelques repas, et ne conservent que ce qui leur est nécessaire pour les plantations de l'année suivante.

Les avenues de cocotiers qu'on remarque dans beaucoup de villages semblent indiquer leur goût pour la symétrie, et leurs masques et leurs perles de *jades* prouvent qu'ils ont le sentiment des arts.

La nature s'est montrée tellement généreuse à leur égard, qu'ils n'ont pas éprouvé le besoin de devenir industrieux. Le premier arbre venu leur fournit leur costume, et, à part leurs armes et leurs pirogues, ils ne produisent que quelques poteries informes et des lacets en poil de roussette.

Ils paraissent cependant très-friands de tout ce qu'on leur montre, et il serait sans doute facile de leur créer des besoins.

Il y a loin, comme on le voit, de l'état où vivent ces sauvages à celui de notre civilisation ; aussi nos pieux missionnaires cherchent-ils à en faire des hommes avant d'en faire des chrétiens.

Mais laissons là les naturels pour nous occuper seulement de leur pays, et voyons quel parti on pourrait en tirer.

*Considérations générales sur la Nouvelle-Calédonie.*

Quand on jette un regard sur l'Océanie et qu'on voit le mouvement d'émigration qui, depuis quelques années, s'est fait vers ce monde nouveau, on est forcé de s'avouer qu'il y a là pour l'homme le moins clairvoyant un indice certain du rôle que cette partie du globe est appelée à jouer.

Depuis longtemps déjà, les Anglais ont pressenti qu'un jour devait venir où ces grandes terres sortiraient de leur obscurité, et, dans leur prévoyance, ils ont créé leurs colonies de l'Australie et de la Tasmanie. Puis, quand la France a voulu entrer aussi en scène, ils nous ont enlevé la Nouvelle-Zélande et ils sont demeurés les seuls maîtres de ce vaste océan.

Tôt ou tard, sans doute, Sydney, Hobart-Town, Auckland, deviendront les capitales d'un empire libre ; mais qu'importe à l'Angleterre, son esprit régnera après elle, et ces peuples en enfance offriront longtemps encore des débouchés à ses produits. Comment un exemple aussi frappant n'est-il pas suivi par les autres nations ?

Ce n'est pas seulement comme puissance commerciale que l'Angleterre règne sans conteste sur l'Océanie ; c'est surtout comme puissance religieuse que son action est grande et, sous son patronage, le protestantisme succède à l'idolâtrie.

Sans doute, nous aussi, nous avons des missionnaires, et ceux-là n'ont qu'un but détaché de toute pensée terrestre : la gloire de Dieu ; mais quelle différence entre leurs moyens d'action et ceux des ministres du culte réformé. Nos pères n'ont pas un pays qui leur rappelle la patrie, car Tahiti, la reine de la Polynésie, est protestante, tandis que leurs rivaux partent de Sydney et d'Hobart-Town, c'est-à-dire de chez eux, pour accomplir leur mission.

La Nouvelle-Calédonie pourrait devenir, à son tour, le centre d'un empire solide d'où les missionnaires catholiques rayonneraient eux aussi dans toute l'Océanie centrale.

Depuis longtemps Mgr d'Amata poursuit cette pieuse idée, mais, jusqu'à ce jour, aucun gouvernement n'a osé se faire le champion de cette sainte cause, et, pourtant, jadis nos rois prétendaient au titre de fils aînés de l'Eglise ! En 1830, le monde entier a applaudi à la France, qui a mis un terme aux brigandages des Barbaresques ; que serait-ce si elle s'armait contre ces peuplades sauvages qui, semblables à des bêtes fauves, sacrifient les navigateurs à leurs appétits féroces ?

Du reste, on chercherait en vain une colonie plus profitable.

Placée à quelques jours seulement des établissements anglais, sur la route de l'Inde, la position géographique de cette île la désigne comme un point militaire de la plus haute importance.

Le récif qui l'entoure en rend la défense des plus faciles, et ses nombreux ports seraient, en temps de guerre, d'excellents abris pour des croiseurs qui voudraient agir dans ces parages.

Qu'on juge de l'action qu'aurait une flotte à vapeur à deux pas de l'Australie, et qui serait sûre de trouver à tout moment des dépôts inépuisables de fer, de cuivre, de bois et de charbon de terre.

Au point de vue de la colonisation, sa position lui assure également d'immenses avantages.

Appelée par son climat à produire toutes les denrées coloniales que l'Inde importe en Océanie, elle enlèverait à ce pays un commerce que son éloignement ne lui permettrait pas de faire en concurrence avec elle. Dès le principe, des colons intelligents trouveraient en abondance du tripang et du sandal qui, transportés en Chine, leur assureraient avec ce pays des échanges d'une valeur considérable, et, plus tard, l'exploitation des minerais de fer, de cuivre, de plomb et de zinc deviendrait une source de richesses.

On peut donc dire que la Calédonie, avec des débouchés pour ses produits et des marchés pour ses approvisionnements, est entourée de tous les éléments possibles de prospérité.

La surperficie entière de l'île est d'environ 14,535 milles carrés. L'agglomération des sauvages, en tribus, dans le voisinage de la mer, assure d'avance la libre possession de la plus grande partie du territoire. Ces tribus, au nombre de vingt-cinq environ, n'occupent pas plus de 1 mille carré chacune, ou un espace infiniment petit comparativement à l'étendue restant à la disposition des nouveaux arrivants, que ne manquerait pas d'attirer l'appât de l'or. Le naturel farouche des indigènes paraît seul, au premier abord, devoir présenter quelques difficultés, mais, en réfléchissant à leurs divisions et à l'avantage que nous donne nos armes à feu sur leurs lances, on voit qu'il n'y a pas lieu de s'en inquiéter. Il est même certain qu'avant peu ils pourraient fournir des bras utiles et à des prix très-minimes à ceux qui sauraient en tirer parti.

Mais, si la Nouvelle-Calédonie offre d'immenses avantages à une colonie libre qui voudrait exploiter ses minéraux et les richesses de son sol, elle présente un intérêt autrement puissant au gouvernement qui voudrait y créer un établissement pénal.

Le but de ce genre de colonies est d'offrir aux criminels un moyen de réhabilitation en les plaçant dans un milieu nouveau, où on les juge par ce qu'ils valent et non par ce qu'ils ont fait. En vain on chercherait dans le vieux monde un point où cela fût réalisable.................
..... Malgré leurs nombreuses possessions, les Anglais sont allés fonder Botany-Bay, parce qu'ils ont compris cette impossibilité.

Ce qu'ils ont fait, pourquoi ne pas le faire ? A quoi bon aller lutter contre des préjugés invincibles ? Sydney et Hobart-Town sont nées de la transportation, et déjà ces villes exigent qu'elle cesse !

La Nouvelle-Calédonie est plus propre qu'aucun autre pays à un établissement de ce genre, et l'île des Pins, que l'on trouve au S. de la grande terre, pourrait servir à un essai. On pourrait y mettre jusqu'à 2,000 condamnés ; sa proximité de la grande terre et son voisinage de quelques îlots où l'on serait à même de confiner les mauvais sujets, présenteraient une foule d'avantages.

Ce petit monde qui a environ 35 milles de tour, sans compter les îlots tous entièrement boisés, renferme en abondance du bois, de l'eau, de la terre à briques, de la chaux, c'est-à-dire tous les matériaux nécessaires à la construction des édifices. Sa fertilité est incontestable, et son climat des plus sains.

La population indigène n'est que de 1,000 individus, soumis à l'autorité d'un seul chef, le roi Zémi, qui vit en fort bonne intelligence avec nos missionnaires, et il serait facile d'acquérir par lui tout le terrain nécessaire.

Déjà, sous la direction de Mgr d'Amata, les pères Maristes ont fait sur cette île des travaux qui ne laissent pas de doutes sur la réussite qui attend un établissement bien dirigé.

FIN.

Paris, imprimerie de Paul Dupont,
Rue de Grenelle-St-Honoré, 45.

Lith. P. Dupont, r. Grenelle St Honoré, 45, Paris.

# NOUVELLE-CALÉDONIE